I0477935

Auguste Moireau

Le Mouvement économique

Essai

Le code de la propriété intellectuelle du 1er juillet 1992 interdit en effet expressément la photocopie à usage collectif sans autorisation des ayants droit. Or, cette pratique s'est généralisée dans les établissements d'enseignement supérieur, provoquant une baisse brutale des achats de livres et de revues, au point que la possibilité même pour les auteurs de créer des œuvres nouvelles et de les faire éditer correctement est aujourd'hui menacée. En application de la loi du 11 mars 1957, il est interdit de reproduire intégralement ou partiellement le présent ouvrage, sur quelque support que ce soir, sans autorisation de l'Éditeur ou du Centre Français d'Exploitation du Droit de Copie , 20, rue Grands Augustins, 75006 Paris.

ISBN : 978-1979945455

10 9 8 7 6 5 4 3 2 1

Auguste Moireau

Le Mouvement économique

Essai

Table de Matières

Partie I

I

On entend rarement les I

On entend rarement les commerçants se louer de l'activité des affaires, les industriels se réjouir de l'afflux des commandes, les agriculteurs exalter la qualité et l'abondance de leurs récoltes. Si l'on tient compte au contraire du nombre et de la variété des plaintes qui s'élèvent de tous les points de la France : qu'il s'agisse de l'encombrement des stocks invendus dans les celliers de nos viticulteurs ; ou de l'inertie de la spéculation qui laisse tomber à des cours de plus en plus bas céréales et farines ; ou de l'impossibilité où se trouvent nos métallurgistes de l'Est à lutter contre les conditions toujours plus dures de la concurrence étrangère, on est tenté de croire que la situation économique de notre pays va sans cesse empirant, et qu'il n'y a plus à imaginer quelles circonstances, quels revirements imprévus de fortune, pourraient enrayer le mouvement continu vers la ruine agricole, commerciale et industrielle.

Une trop fréquente consultation des relevés et documents dont la statistique officielle est devenue si prodigue, ne peut qu'accentuer ces impressions pessimistes, auxquelles il convient de donner comme antidote une simple excursion à travers les publications analogues des pays étrangers. Partout, en effet, se trouvent constatés les mêmes phénomènes de surproduction, d'avilissement du prix des marchandises, de difficultés d'écoulement au dehors, de concurrence universelle ; et l'on en vient à estimer plus supportables les maux économiques dont souffre la France, en constatant qu'ils affligent en même temps, bien que dans des proportions variables, toutes les nations civilisées. Il y a en outre à considérer que la plupart des maux économiques ne sont vraiment des maux que pour telles ou telles catégories de personnes qu'ils affectent directement, et seraient plutôt des bienfaits pour d'autres. Ainsi en est-il du phénomène de la baisse des prix qui cause tant de lamentations. En fait, la diminution progressive des prix de toutes les choses nécessaires ou utiles à l'existence est expressément l'objet que poursuivent les producteurs désireux de supplanter des concurrents sur le marché, les inventeurs de procédés nouveaux de fabrication, et surtout les consommateurs, principaux intéressés dans le développement de ce phénomène économique. Comment la baisse graduelle des prix pourrait-elle être un mal, alors qu'elle est la fin même où tend l'action combinée de toutes les forces de la civilisation ?

C'est dans cet esprit de réaction contre le pessimisme professionnel des économistes que, dans une réunion récente de la Chambre de commerce à Londres, le chancelier de l'Echiquier, sir William Harcourt, traitait, en une allocution familière, la question des difficultés où se débattent depuis plusieurs années le commerce et l'agriculture de la Grande-Bretagne. Sans doute, disait-il, la diminution constante des prix fait ressortir une décroissance sensible du commerce extérieur anglais considéré au point de vue de la valeur. Mais si l'on considère le volume de ce commerce, — c'est-à-dire la quantité et le poids des marchandises, — le total apparaît en progression constante. On ne saurait donc affirmer qu'il y ait recul, et que la Grande-Bretagne ne sorte pas victorieuse de la lutte, en dépit des compétitions chaque année plus fortes, plus redoutables, qui surgissent de toute part sur la surface du globe pour lui arracher son ancienne suprématie commerciale ? Certes il est difficile d'imaginer un concours de circonstances plus fâcheuses que celles qui se sont trouvées accumulées en 1893 contre l'industrie et le commerce anglais : à l'intérieur d'énormes grèves ; au dehors, les pays acheteurs, États-Unis, Inde, Brésil. Australie, éprouvés par des crises d'une violence peu commune. Le commerce de la Grande-Bretagne n'en a pas moins traversé cette tempête sans avaries trop considérables. Parler de sa ruine prochaine ou de sa décadence irrémédiable serait ridicule.

Le phénomène de la baisse des prix, — fâcheux dans une certaine mesure pour le producteur et l'intermédiaire, mais avantageux pour le consommateur, — a pour conséquence la diminution des profits. Que les bénéfices de l'industrie et du commerce diminuent, on ne peut le nier ; tous les industriels et commerçants le proclament, il faut bien les en croire. Quelques-uns même vont jusqu'à déclarer qu'il n'y a plus de profit du tout, que la marge, à force de se réduire, a disparu. Cependant, si le commerce ne donnait plus aucun bénéfice, il s'arrêterait ; or son volume ne cesse de s'accroître.

L'industrie textile, a-t-on dit, agonise dans le Lancashire ;
cependant le nombre des ouvriers qu'elle employait en 1890, pour
le coton et la laine, s'est trouvé de beaucoup plus considérable qu'en
1870. Et tout ce monde d'ouvriers consomme infiniment plus, et
paie mieux ses impôts qu'il y a vingt ans. Car si les prix ont baissé,
les salaires n'ont point suivi un mouvement parallèle ; tandis qu'ils
se maintenaient à l'ancien taux, la baisse des prix accroissait leur
pouvoir d'achat. Il faut donc que la compensation se trouve dans un
énorme développement des affaires. Et, en effet, on peut consulter
tous les baromètres connus en cette matière, on n'y aperçoit que
des signes d'un accroissement rapide du capital. Prenons pour
exemple l'Angleterre. Le rendement de chaque penny de l'*income-
tax* s'y élève de décade en décade ; de même celui des droits de
succession ; les dépôts aux caisses d'épargne anglaises dépassent
trois milliards (comme en France), soit plus que le quart de la
dette ; les dépôts dans les banques ne cessent de s'accroître. Et l'on
viendrait soutenir à sir William Harcourt qu'il y a « quelque chose
de pourri dans la Grande-Bretagne » ! Il ne peut s'empêcher d'en
rire.

Ne lui parlez pas, par exemple, de la race des protectionnistes.
« Il y a, dit-il, des hommes qui voudraient, par quelque procédé
artificiel, fermer l'embouchure de la Tamise et provoquer par là et
par d'autres moyens semblables un rehaussement des prix. » On
trouve aussi beaucoup de personnes, au sud de la Manche, ayant
ces mêmes idées. Mais tandis que leurs congénères en Angleterre
sont obligés de s'en tenir à des vœux impuissants, en France les
partisans du relèvement artificiel des prix occupent le haut du
pavé, sont en majorité dans la Chambre, bouleversent la législation,
déploient une activité extraordinaire dans leur grande forteresse,
la commission des douanes.

II

Les rentiers, dont les titres ont haussé de prix dans une proportion
extraordinaire depuis cinq ou six années, seraient mal venus à
trouver fâcheux cet autre grand phénomène économique du temps
présent, l'abaissement continu du taux de l'intérêt, ceux du moins
qui ont acquis leurs titres à une époque relativement éloignée,

et n'ont été atteints dans leur revenu par aucune conversion. Les rentiers « convertis » et les capitalistes qui ont aujourd'hui de nouveaux placements à effectuer, ne sauraient au contraire se féliciter du taux si bas où est descendu le loyer de l'argent.

La dette nationale anglaise, qui est du 2 1/2 pour 100 différé, a dépassé le pair ; de même le 3 0/0 français et les 3 0/0 des États secondaires qui jouissent d'un crédit de premier rang, comme la Belgique, la Hollande, la Suisse, la Suède, etc. La Russie et l'Autriche-Hongrie en sont encore à la période du 4 pour 100 au pair ; mais il y a peu d'années, ces États ne pouvaient emprunter qu'à un taux supérieur à 5 pour 100. La Turquie régénérée trouve des prêteurs à moins de 5 pour 100. Les sociétés de crédit tiennent en dépôt des centaines de millions de francs auxquels elles ne donnent qu'un intérêt dérisoire de 1/2 à 1 pour cent. Les capitaux populaires envahissent, jusqu'à les congestionner, les caisses d'épargne privées ou la caisse nationale, où on leur offre encore, on ne sait vraiment pourquoi, un intérêt moyen de 3 pour 100. La Banque de France escompte à 2 1/2 pour 100, la Banque d'Angleterre à 2 pour 100, les établissements privés bien au-dessous de ces taux. En même temps que l'allure de l'accumulation de la richesse se précipite, en dépit du contraste singulier de la baisse des prix et de la hausse des salaires, les emplois avantageux se font plus rares. Presque partout les grandes œuvres de la civilisation sont achevées, canal de Suez, chemins de fer en Europe, dans l'Inde, dans les deux Amériques. C'est à peine s'il reste quelques grandes voies en cours d'exécution comme le Sibérien, ou à l'état de projet comme les réseaux africains. Quant à certaines conceptions grandioses en Europe même, le canal des Deux-Mers, le pont sur la Manche, Paris port-de-mer, l'utilité immédiate n'en a pas encore été établie, et elles ne sauraient présenter jusqu'à nouvel ordre qu'un intérêt théorique. Au-delà de l'Atlantique, le canal de Panama attend son achèvement. Dans un genre de travaux d'un intérêt plus restreint et plus local, navigation fluviale, canalisation, distribution d'eau, de gaz, d'électricité, tramways, le plus gros de l'œuvre semble accompli, il ne reste qu'à glaner. Même un projet comme le Métropolitain de Paris ne peut sortir de la période embryonnaire.

Les capitaux sont donc beaucoup moins sollicités que précédemment ; ils ne le sont plus guère que par les États besogneux, auxquels l'épargne ne consentira à prêter largement que lorsqu'ils auront refait leur crédit. Telles sont quelques-unes des causes de l'abaissement du taux de l'intérêt et des hauts cours des grands fonds d'Etat ou municipaux.

De savants économistes ont justement attribué un caractère fâcheux à ce phénomène, fâcheux en ce sens que les rentiers auront à l'avenir moins de rentes, que l'humanité aura plus à travailler, qu'une rémunération de moins en moins forte sera réservée au capital. Mais est-ce là un mal sans compensation ? Est-il si bien prouvé que les grandes œuvres de la civilisation sont achevées ? Ce qui est vraiment fâcheux, c'est l'encouragement officiel donné à l'extrême timidité des capitaux. Si les pouvoirs publics pouvaient une fois comprendre que les caisses d'épargne manquent à leur mission en donnant un intérêt supérieur à 2 pour 100, on verrait sortir du « farniente » un ou deux milliards réclamant un emploi rémunérateur. Il en résulterait une secousse violente ; et probablement la mise en train d'une nouvelle succession de grandes et fécondes entreprises pour l'activité industrielle et la production agricole.

III

L'avilissement des prix, l'abaissement du taux de l'intérêt, sont considérés par toute une école d'économistes comme provenant d'une cause unique, ou tout au moins principale ; la démonétisation de l'argent et la raréfaction de l'or. Cette thèse a de nombreux partisans en Angleterre, où bimétallistes et protectionnistes voudraient voir le gouvernement assumer, contre toutes les traditions britanniques, un rôle providentiel. Mais ils n'ont réussi à convertir jusqu'ici ni l'opinion publique, ni les chefs des deux grands partis politiques. En France, on n'est pas encore bimétalliste dans les régions gouvernementales et parlementaires, mais on y est furieusement protectionniste. Cependant les résultats donnés jusqu'ici par cette politique ne sont pas de nature à modifier le sentiment de ceux qui croient que l'on a fait fausse route en 1892 en dotant la France d'un tarif inspiré du plus pur esprit Mac Kinley.

Pendant les six premiers mois de 1894, le double mouvement d'augmentation dans les entrées de marchandises étrangères en

France et de diminution dans les sorties de marchandises et de produits nationaux n'a cessé de s'accentuer. Les chiffres de notre commerce extérieur pendant cette période, comparés à ceux de la période correspondante de 1893, accusent une augmentation de 335 millions à l'importation et une diminution de 78 à l'exportation. Dans le seul mois de mai nos envois à l'étranger sont tombés, de 334 millions en 1892 et 283 millions en 1893, à 265 millions en 1894. Nos achats ont augmenté au contraire de 305 millions (mai 1893) à 323 (mai 1894). Le total des importations s'est élevé cette année, du 1er janvier au 30 juin, à 2235 millions, dont 670 en objets d'alimentation, 1 281 en matières nécessaires à l'industrie et 284 en objets fabriqués. L'augmentation totale de 335 millions sur la même période de 1893 se divise ainsi : 190 millions pour les objets d'alimentation, 128 pour les matières premières, et 18 pour les objets fabriqués. Il est curieux de voir ce dernier élément grossir de cette façon malgré les anathèmes et les prohibitions de la commission des douanes. L'accroissement de 190 millions dans l'achat au dehors de produits alimentaires est, de toute façon, un commentaire fâcheux de l'état.de notre agriculture, mais il a aussi une cause accidentelle, les approvisionnements faits avec halo au début de l'année, en prévision du relèvement des droits sur les céréales. Le relèvement a eu lieu, comme chacun sait, et les protectionnistes ne sont pas disposés à s'arrêter là. Chaque jour éclatent de nouveaux appels à l'intervention de l'Etat. La commission a frappé les sucres étrangers extra-européens, les raisins secs ; elle frappera les mélasses étrangères, les amidons, les plombs ; que ne frappera-t-elle pas ?

Il est un point cependant où les protectionnistes croient triompher. Les entrées de matières premières se sont accrues de 128 millions. Nos industriels se hasarderaient-ils en des acquisitions si importantes s'ils ne prévoyaient une campagne prolongée et fructueuse de travail ? On peut malheureusement objecter que, s'il y a tant de matières premières à demander à l'étranger, c'est que le marché intérieur ne peut plus fournir à cet égard les quantités qu'il donnait autrefois, et non que nos usines soient accablées de commandes exceptionnelles. Le tableau des exportations ne le démontre que trop, puisque nous avons vendu au dehors, en juin 1894, pour 122 millions de francs d'objets fabriqués contre 146 en mai 1893, soit une diminution de 24 millions, et que les chiffres correspondants pour les six premiers mois sont 805 millions contre 875, soit une diminution de 70 millions.

Pendant les quatre premiers mois de 1894, les droits de douanes et les droits accessoires du service ont produit 189 millions contre 148 en 1893. L'augmentation est due tout entière aux outrées de céréales ; la plus-value des droits encaissés a dépassé, de ce seul chef, 45 millions.

Il semblerait que, grâce à cet accroissement de l'importation, la navigation ait dû être très active dans nos ports. Elle l'a été en effet, mais au profit du pavillon étranger. Du 1er janvier au 30 avril, il est entré dans nos ports principaux 2 124 navires français contre 2 354 dans les mois correspondants de 1893, et il en est sorti 2 280 contre 2 699. La diminution s'accuse dans le tonnage comme dans le nombre des bâtiments. Les entrées par navires français représentent 1 129 000 tonnes contre 1328 000. La navigation étrangère présente au contraire un certain accroissement : s'il est sorti de nos ports un peu moins de navires des autres pays (3 950 contre 4163 et 1 608 000 tonnes contre 1 655 000), il en est entré 5 710 contre 5201 et 3 165 000 tonnes contre 2 721 000.

Il serait profondément injuste d'attribuer au seul protectionnisme toutes les révélations fâcheuses que peut accuser l'analyse des chiffres de notre commerce extérieur. Nos échanges avec l'étranger sont affectés par les événements les plus divers, épidémies, crises commerciales ou monétaires dans telle ou telle partie du monde, sinon dans toutes à la fois, grèves, transformations et progrès de l'industrie, caprices de la mode, mauvaises récoltes, fléaux du genre du phylloxéra. De 1867 à 1876 nous achetions au dehors pour 17 millions de francs de vins en moyenne par an. De 1877 à 1886 cette moyenne a été portée à 282 millions. Mais il reste à l'actif de la politique libérale douanière qui a régi nos échanges pendant les trente années de 1861 à 1891 que nos exportations d'objets fabriqués ont passé de 1 138 millions, au début de cette période, à 1 925 millions (chiffre de 1891) ; en 1892 on a atteint 1 992 millions. En 1891 encore la balance en notre faveur entre la valeur de nos exportations d'objets fabriqués et celle des entrées d'objets de même nature était de 1 230 millions. Combien il serait fâcheux que le protectionnisme nous fît perdre les bénéfices d'une telle situation !

IV

On peut, à l'aide de quelques chiffres, présenter une idée générale de la nature du commerce extérieur de la France. Nous avons importé en 1893 pour 3 936 millions de marchandises et produits, dont voici les articles principaux avec leur valeur : céréales, 359 millions ; laines, 354 ; soies, 237 ; vins, 196 ; graines oléagineuses, 194 ; houille, 182 ; coton, 167 ; peaux 154 ; tissus de laine, de soie, de coton, 132 ; bois à construire, 94 ; cafés, poissons, bestiaux, fromages et beurres, pétrole, fourrages, huiles, etc.

Les exportations dans la même année ont été de 3 209 millions, chiffre inférieur à celui de toutes les années précédentes depuis 1886. Les principaux articles ont été : tissus de laine, 290 millions ; tissus de soie, 212 ; vins, 187 ; articles de Paris, 129 ; laines, 119 ; soies, 119 ; ouvrages en peaux, 111 ; sucres bruts et raffinés, 106 ; tissus de coton, 100 ; peaux préparées, 97 ; confections, 82 ; ouvrages en métaux, 69 ; beurres, 67 ; eaux-de-vie, 61 ; bestiaux, 38, etc.

Au point de vue de la provenance et de la destination, les pays auxquels nous achetons le plus (chiffres de 1893) sont : l'Angleterre, 511 millions ; la Belgique, 401 ; les États-Unis, 335 ; l'Allemagne, 334 ; l'Espagne, 223 ; la République Argentine, 175 ; la Russie, 166 ; l'Italie, 139. Viennent ensuite les Indes Anglaises, la Turquie, la Chine, la Suisse, le Brésil, le Japon, l'Autriche-Hongrie, l'Australie, le Chili, etc. Les pays auxquels nous vendons le plus (chiffres de la même année) sont : l'Angleterre, 965 millions ; la Belgique, 499 ; l'Allemagne, 334 ; les États-Unis, 203 ; l'Italie, 123 ; l'Espagne, 113 ; puis le Brésil, la Turquie, la République Argentine, etc.

Nous avons pris les chiffres de 1893 ; si nous considérons ceux des années précédentes, nous constatons que nos clients les plus importants sont toujours l'Angleterre, la Belgique, l'Allemagne, les États-Unis, et que l'Italie, l'Espagne, la Suisse restent au second rang, mais avec beaucoup moins d'affaires qu'avant la dénonciation des traités de commerce et les difficultés douanières qui ont surgi successivement entre ces trois pays et nous. D'une manière générale, nos ventes à tous ces clients principaux ont singulièrement diminué depuis deux années. De 1891 à 1892, la valeur de nos exportations avait déjà fléchi de 46 millions pour l'Espagne, de 33 pour le Brésil, de 9 pour l'Allemagne, de 8 pour les États-Unis, de 7 pour la Suisse. De 1892 à 1893 la réduction a été de 65 millions pour l'Angleterre, de 78 millions pour la Suisse, de 37 pour les États-Unis, de 21 pour l'Allemagne, de 9 pour l'Italie, de 3 pour la Belgique.

Nos relations avec ces divers pays nous laissent en général créanciers, pour des sommes considérables, de l'Angleterre (500 millions en 1892 et 455 en 1893) et de la Belgique (114 millions en 1892 et 98 en 1893). Elles nous constituent au contraire débiteurs des États-Unis (293 millions en 1892 et 132 en 1893), de l'Espagne (144 millions en 1892 et 109 en 1893), de l'Italie (16 millions en 1893), de la Turquie (56 millions en 1892 et 52 en 1893), de la République Argentine (115 millions en 1892, autant en 1893).

A certains pays, comme l'Inde et la Russie, nous achetons beaucoup et ne vendons presque rien. Le cas, pour la Russie, est vraiment curieux. Ce pays a effectué des importations chez nous pour 212 millions en 1892 et 166 millions en 1893, et la valeur de nos exportations chez elle a été de 12 millions pour la première de ces années et de 13 pour la seconde. Cette proportion est à peu près constante La moyenne annuelle pour les six dernières années a été de 14 millions de ventes à la Russie et de 200 millions d'importations du même pays. Il serait à souhaiter que cet énorme écart diminuât, non par l'abaissement du dernier chiffre, mais par l'élévation du premier.

Considéré au point de vue du volume, le commerce extérieur de la France s'est accru dans les cinq années de 1887 à 1891 : 26 millions de tonnes en 1887, puis 26 925 000 en 1888, 27 469 000 en 1889, 29 447 000 en 1890, et 31 018 000 en 1891. Aussitôt après l'établissement du tarif douanier, l'abaissement a commencé : 29 290 000 tonnes en 1892.

Nous importons surtout des marchandises lourdes, houille, céréales, bois, matières premières de toute sorte, 22 551 000 tonnes ; nous exportons surtout des marchandises d'un prix élevé par rapport au poids et au volume, principalement des produits de nos usines, 6 738 000 tonnes, dont 816 000 par Marseille et 665 000 par Bordeaux. Environ 45 pour 100 de la totalité des marchandises constituant l'objet de nos échanges avec l'étranger passent par les douanes de Marseille, Jeumont (frontière terrestre), Dunkerque, Bordeaux, le Havre, Rouen et Saint-Nazaire. En 1892 sont entrées ou sorties : par Marseille : 2 847 000 tonnes, par Jeumont 2 618 000, par Dunkerque 1 947 000, par Bordeaux 1 711 000, par le Havre 1 689 000, par Rouen 1 387 000, par Saint-Nazaire 1 045 000. (L'ordre d'importance est modifié légèrement si l'on considère le commerce général au lieu du commerce spécial. Le transit est considérable notamment par le Havre et par Bordeaux.)

Les autres portes du commerce se classent ensuite dans l'ordre suivant : Cette, Bayonne, Dieppe, Valenciennes, Calais, Boulogne, Pagny, de 547 000 à 300 000 tonnes ; La Rochelle, Belfort, Nantes, Tourcoing, Avricourt, de 252 000 à 201 000 ; Nice, Lille, Roubaix, etc., moins de 200 000 tonnes.

De 1887 à 1892 on constate une augmentation continue aux douanes de Marseille, Jeumont, Dunkerque, Rouen, Saint-Nazaire, Bayonne, Calais, Nantes. Il y a décroissance au contraire, pour Cette, Dieppe et Boulogne. Bordeaux est resté à peu près stationnaire.

V

La conclusion générale qui ressort de ces chiffres est que les échanges entre les nations ont diminué de valeur et presque partout aussi de volume, depuis que les peuples ont travaillé à l'envi à s'entourer de barrières douanières. Les protectionnistes objectent que l'Angleterre libre-échangiste a vu également ses exportations décroître dans la même période, et que la décroissance a été plus forte encore en ce pays que chez nous. Les exportations anglaises avaient, en effet, grossi de 6,15 pour 100 en 1889 sur 1888, et de 5,67 pour 100 en 1890. Elles ont décru de 6,17 pour 100 en 1891, de 8,16 pour 100 en 1892, de 3,77 pour 100 en 1893, soit de près de 240 millions de francs dans cette dernière année. Mais les données statistiques pour le commerce du Royaume-Uni pendant les six premiers mois de 1893 n'ont plus accusé la même tendance. Tandis que les importations s'augmentaient, comme chez nous, et que cet accroissement, presque entièrement dû à des achats considérables de coton des États-Unis, atteignait 334 millions, les exportations se sont maintenues à peu près exactement au même niveau qu'en 1893, soit 2 672 millions de francs ou 445 millions en moyenne par mois. En réalité, il y a, en 1894, une diminution de 25 millions de francs, soit un peu moins de 1 pour 100 du total. Les réexportations de produits coloniaux et étrangers accusent pendant la même période une réduction plus forte, de près de 100 millions de francs, due à une cause spéciale qui sera indiquée plus loin.

Les importations en Angleterre atteignent depuis quelque temps une valeur presque exactement double de celle des exportations. La Grande-Bretagne a ainsi, du 1er janvier au 30 mai 1894, vendu au dehors pour 2672 millions de francs de ses produits, soit 445 millions par mois ; et acheté du dehors pour 5 275 millions de francs de denrées, soit 880 millions en moyenne par mois. C'est une balance commerciale formidablement débitrice : mais l'Angleterre est, on le sait, créancière, pour des sommes bien autrement élevées par le fait de ses placements et de ses prêts, des pays étrangers qui lui fournissent tant de produits. Que si, d'autre part, ses importations dans les derniers mois ont pris une telle expansion, on le doit attribuer pour une forte mesure à la détresse financière et monétaire de beaucoup de nations étrangères forcées de vendre leurs denrées à tout prix.

Les exportations de la Grande-Bretagne atteindraient au surplus un chiffre bien plus fort, si les États-Unis ne traversaient depuis deux années une crise économique dont l'intensité, aussi bien que la durée, est absolument exceptionnelle, et entrave à tel point les transactions commerciales du pays que, durant l'année 1893-94, l'Angleterre lui a vendu pour 260 millions de francs de moins que dans la période précédente, et que le seul mois de mars dernier figure dans cette diminution pour près de 30 millions de francs. Les envois britanniques dans l'Inde ont, au contraire, pris un grand développement depuis le 1er janvier, accusant une augmentation mensuelle d'environ 25 millions de francs. Que le Congrès américain se décide enfin à voter le tarif depuis si longtemps en discussion, si faible que soit la diminution moyenne des droits (ceux-ci ne seront vraisemblablement abaissés dans l'ensemble que de 10 pour 100 sur le taux général du tarif Mac-Kinley qui est de 46 pour 100, et resteront ainsi supérieurs à ceux du précédent tarif), et l'on peut être assuré que de fortes expéditions de marchandises seront aussitôt effectuées pour l'Amérique.

D'où l'Angleterre reçoit-elle les produits qu'elle importe, et où dirige-t-elle les marchandises qu'elle exporte ? Les premiers lui viennent, pour 23 pour 100, de ses possessions, etpour77 pour 100, des pays étrangers ; elle envoie 30 pour 100 de ses marchandises à ses colonies et 70 pour 100 au reste du monde. Les proportions pour chaque pays sont les suivantes : 22 pour 100 des importations viennent des États-Unis, 10 de France, 7 1/2 de l'Inde, 7 de Hollande (commerce général), 6 1/2 d'Allemagne, 6 d'Australie, 5 de Russie, 4 de Belgique, 3 du Canada, 3 de l'Amérique du Sud et du Centre, 3 de l'Italie, 2 de la Turquie, etc. 12 pour 100 des exportations sont dirigés vers les États-Unis (en temps ordinaire), 10 vont à l'Australie, 14 à l'Inde, 9 à l'Amérique du Sud et du Centre, 7 à l'Allemagne, 6 1/2 à la France, 4 à la Hollande, 3 1/2 au Canada, 3 à la Belgique, 3 à l'Italie, 3 à la Turquie, 2 1/2 à la Chine, 2 à la Russie.

L'expansion du commerce britannique a été formidable depuis trente ans. Malgré les guerres, les crises commerciales et financières, les krachs résultant de l'abus du crédit et de la surproduction, malgré la baisse du métal blanc, les grèves et la hausse des salaires, les importations comme les exportations du Royaume-Uni ont plus que doublé dans l'espace d'une génération, et doublé de valeur, ce qui représente une proportion bien plus forte d'accroissement au point de vue du volume, les prix ayant constamment fléchi. On saisira bien, ce semble, la véritable portée de cette baisse des prix, en constatant que la valeur moyenne, par tonne, des exportations britanniques a fléchi, de 395 francs en 1860 à 235 francs en 1889, si l'on considère les exportations totales (c'est-à-dire comprenant les produits coloniaux et étrangers réexportés) ; et de 310 à 185 francs, si l'on s'arrête aux sorties des produits purement britanniques.

La flotte marchande anglaise en 1860 comptait un total de 4 586 000 tonnes ; le tonnage est aujourd'hui de 7 759 000 tonnes, dont 4 717 000 pour la navigation à vapeur. Le mouvement des ports du Royaume-Uni s'est chiffré en 1889 par 72 millions de tonnes (navires anglais et étrangers, chargés et sur lest) contre 25 millions en 1860. Les importations anglaises sont composées : de 40 à 45 pour 100 d'objets d'alimentation, de 30 à 35 pour 100 de matières brutes, nécessaires à l'industrie, de 15 à 20 pour 100 d'articles complètement ou partiellement manufacturés ; les exportations, de 77 pour 100 d'articles manufacturés, de 13 pour 100 d'articles partiellement manufacturés, de 0 pour 100 de matières brutes, de 4 pour 100 d'objets d'alimentation. La valeur moyenne des filés de coton et des cotonnades unies ou imprimées qui sortent chaque année des ports de la Grande-Bretagne pour se répandre dans le monde entier, dépasse 1 700 millions de francs. Il y faut ajouter près de 300 millions de tissus de laine ou de toiles de lin, 300 millions d'objets en fer, près de 300 millions de houille.

On comprend que de tels chiffres remplissent d'orgueil les âmes des fils de la Grande-Bretagne et qu'ils traitent avec quelque mépris, — ceux du moins qui ne sont pas usiniers et ne vivent point dans la fournaise industrielle du Lancashire, — les concurrences qui s'essaient en diverses parties du monde contre le géant britannique. Une de ces concurrences surtout a paru dans ces derniers temps redoutable, celle du commerce et de l'industrie de l'Allemagne. Les trembleurs ont fait de l'expansion commerciale allemande un épouvantail dont l'Angleterre et sa voisine du sud ont été en effet parfois un peu effrayées. M. Giffen a voulu savoir ce qu'il y avait de réalité dans ce fantôme. Il a dressé, pour le *Board of Trade*, quelques-unes de ces tables qui sont la spécialité de ce statisticien, et où les chiffres s'alignent dans un ordre si rigoureux, si savant, si ingénieusement mathématique, qu'ils acquièrent une force irrésistible d'argumentation et démolissent en quelques instants les thèses qui paraissaient le plus solidement étayées. Il a pris, par exemple, la moyenne des exportations de l'Angleterre, de la France, des États-Unis et de l'Allemagne pour les trois années 1890-92, et l'a comparée avec la moyenne correspondante des deux années 1884-85. Ce rapprochement lui a révélé que l'accroissement des exportations a été de 10 pour 100 pour l'Angleterre, de 14 pour 100 pour la France, de 26 pour 100 pour les États-Unis et de 5 pour 100 seulement pour l'Allemagne. Comme les États-Unis exportent surtout des céréales et du coton, l'augmentation de leurs expéditions n'est pas pour inquiéter. Mais quelle figure fait dans cette comparaison le commerce allemand, avec son expansion si modeste de 5 pour 100 ? Il y a autre chose dans les tables de M. Giffen : les nations secondaires, dans les diverses parties du monde, y apparaissent réparties en groupes, et on voit quelle proportion du total des importations de ces pays revient à l'Angleterre et à chacun de ses trois principaux concurrents. Le résultat n'a rien d'inquiétant, à bien y regarder, pour la Grande-Bretagne, même en Europe. Sa part dans les importations de tous les pays sauf trois est au-dessus de 20 pour 100, tandis que, pour l'Allemagne, l'exception s'étend à six pays. Il est vrai que, grâce à sa situation au centre du continent européen, la part de celle-ci dépasse 30 pour 100 dans cinq cas.

Les tables nous montrent encore quelles vicissitudes a subies la part de l'Angleterre dans le commerce total du monde. Il y a eu un léger fléchissement dans la proportion, mais l'écart est peu significatif en regard de l'énorme développement qu'a pris le commerce du monde entier. Au Japon, toutefois, bien que les transactions de la Grande-Bretagne n'aient subi aucune réduction absolue de volume de 1884-85 à 1890-91, sa part proportionnelle a notablement décru. Quant à l'Allemagne, elle a élevé dans une légère mesure sa proportion dans les pays hors d'Europe, et c'est tout. Les grands succès de la compétition allemande ne sont donc que vains mots, et, comme le dit doctement le *Times*, il y a là un exemple de plus de l'erreur vénérable qui consiste à généraliser sur des cas trop particuliers. Malgré tout, les tables de M. Giffen concluent à une très faible décroissance, non pas certes absolue, mais proportionnelle, du commerce de la Grande-Bretagne ; et cette décroissance est surtout sensible dans le total des réexportations : l'Angleterre n'est plus au même degré que naguère le grand emporium du monde, l'universel dépôt des marchandises venues de tous les coins du globe. L'ouverture du canal de Suez et les progrès de la navigation à vapeur ont facilité les relations directes entre les pays qui produisent et les nations qui consomment, encore que ce mouvement s'opère avec une grande lenteur.

On a vu plus haut combien peu de marchandises la France envoyait en Russie, la valeur moyenne pour les dernières années n'ayant pas dépassé 14 millions de francs, alors que nous achetions à notre grande alliée, bon an, mal an, pour 200 millions de francs environ, surtout des céréales. C'est que la Russie, d'une manière générale, vend plus qu'elle n'achète. D'autre part, la masse de ses importations en objets fabriqués lui vient d'Allemagne, et c'est là que se marque l'utilité du traité de commerce conclu entre les deux empires. Les exportations russes ont varié, en valeur, de 752 à 687 millions de roubles de 1889 à 1891. A la suite de la grande famine qui sévit en 1891, les envois à l'étranger baissèrent à 471 millions en 1892. C'était sur le total de l'année précédente une réduction de 230 millions de roubles crédit, soit, au cours du change, environ 575 millions de francs. Un relèvement sensible s'est produit en 1893, où le total de 595 millions de roubles crédit a été atteint.

De 1889 à 1891 les céréales ont compté pour 50 pour 100 dans le commerce russe d'exportation. La proportion a fléchi à 40 en 1891, mais elle a déjà dépassé de nouveau 50 pour 100 en 1893. L'an dernier, la Russie a vendu des céréales à l'Europe pour 295 millions de roubles crédit, soit 750 millions de francs. Les principaux articles d'importation sont le thé, le coton, la houille et le fer. Les deux premiers mois de 1894 ont accusé une forte expansion du commerce, entrée et sortie. L'empire a vendu pour 92 millions de marchandises (dont 58 millions) de céréales, soit plus de 60 pour 100), et il a acheté pour 48 millions (dont 32 millions de matières premières et 10 d'objets fabriqués). Ces chiffres représentent sur ceux des deux premiers mois de 1893 une augmentation de 41 millions de roubles aux exportations, et de 5 millions aux importations.

VI

Le grand élément de perturbation pour le commerce du monde à l'heure actuelle est l'Amérique anglo-saxonne, cette grande république transatlantique qui gâche comme à plaisir son énorme richesse dans une série d'expérimentations économiques insensées, et qui, en se ruinant, compromet les intérêts des nations européennes avec lesquelles elle trafique habituellement. Il est encore impossible de dire si le bill Wilson sera voté, ou, s'il l'est enfin, quand il commencera à être appliqué. Le commerce américain, déjà si éprouvé par la crise de l'année dernière, est sévèrement atteint par l'incertitude qui se perpétue au sujet du régime douanier : les déplorables conséquences de cet état économique apparaissent à la fois sur le terrain industriel, financier et social. La diminution est considérable dans les opérations des *clearings* américains et dans les chiffres du commerce extérieur. Les *silvermen* redoublent l'activité de leurs intrigues, les sorties d'or ne s'arrêtent plus, le mouvement gréviste a repris avec une extrême violence, dans le Colorado, en Pennsylvanie, puis tout récemment à Chicago et en Californie. Le chef obscur d'une association ouvrière a failli transformer un conflit local, un malentendu passager entre un très riche patron et ses trois mille ouvriers, en une insurrection générale du monde des travailleurs aux États-Unis. L'intervention opportune des troupes fédérales a conjuré le péril, mais le problème reste posé, la crise industrielle est aussi intense qu'avant la grève des chemins de fer. La solution est à Washington ; seulement le Congrès ne se hâte pas de la dégager.

Les résultats des aberrations politiques et économiques de l'Union Américaine sont surtout remarquables par la répercussion qu'elles ont eue sur l'état des finances fédérales. Il y a peu d'années le Trésor regorgeait de richesses dont il ne savait que faire. Il disposait d'excédents annuels de 500 millions de francs et rachetait la dette avec une rapidité qui faisait l'admiration des nations, toujours obérées, du vieux monde. Aujourd'hui plus d'excédents de recettes, des dépenses folles, près d'un milliard de francs pour les seules pensions militaires, un régime monétaire absurde qui, si le bill portant suspension de la frappe de l'argent n'avait été voté, condamnait à bref délai un des pays les plus riches du monde à vivre sous le régime de l'étalon d'argent, comme la Chine et le Mexique ; le désarroi en un mot, à la place de l'ancienne prospérité, et, pour l'exercice 1893-94, qui vient de se clore au 30 juin, un déficit évalué à 375 millions de francs.

Le gouvernement fédéral voit ses ressources s'épuiser rapidement. Le 1er février dernier il a dû emprunter 230 millions de francs en obligations 5 pour 100 émises à 117 pour 100, ce qui lui procura près de 300 millions ; après quatre mois à peine, il est de nouveau dans un tel état de pénurie qu'il va lui falloir encore emprunter. On voit se produire ce phénomène que le Trésor ne cesse de pomper de l'or dans les banques et dans la circulation, et, en l'accumulant ainsi, le rend si nettement disponible pour l'exportation qu'il est en effet aussitôt exporté que recueilli. Le *Financial and Commercial Chronicle* de New-York cherchait récemment à rassurer le public américain en déclarant inexacte l'assertion que les capitaux étrangers se retiraient des États-Unis, mais il avouait que des capitalistes américains envoient depuis plusieurs mois leurs fonds en Europe pour y rechercher des emplois plus profitables et plus sûrs que ceux que leur offre désormais l'Amérique. Un tel symptôme n'accuse-t-il pas une situation vraiment sérieuse ?

Il n'y a rien à attendre du Congrès, sur lequel le président Cleveland paraît avoir perdu toute influence. Le vote du nouveau tarif n'apportera aucun remède, ou du moins n'améliorera que faiblement cet état de choses. La seule mesure efficace serait une réduction du montant excessif de la circulation fiduciaire. C'est l'abondance de la monnaie de papier qui chasse l'or des États-Unis avec cette continuité que l'on voit depuis plus d'un an. Si l'on ne se résout à une réduction de la circulation, quelques inconvénients qu'il en puisse résulter dans l'état actuel de crise, il ne s'écoulera plus un long temps avant que les Américains renouent connaissance avec l'agio de l'or. Le Trésor peut, il est vrai, emprunter encore 250 millions comme il l'a fait en février. Ces deux emprunts auront accru de 25 millions la charge annuelle de la dette, sans autre résultat que délaisser le Trésor, après huit mois, dans la même détresse, et le pays devant le même problème redoutable du déficit budgétaire et de la dépréciation de la monnaie. Le gouvernement ferait mieux d'emprunter 1 750 millions de francs en 3 pour 100 afin de rembourser en or les 350 millions de dollars de *greenbacks*, ce qui augmenterait d'une cinquantaine de millions de francs le service de la dette, mais sauverait la situation. Les greenbacks sont de simples billets d'Etat, des assignats émis pendant la guerre de la sécession. Ils n'ont été délivrés ni contre or ni contre argent, mais des lois ultérieures les ont déclarés remboursables en or, et c'est pour assurer ce remboursement que le Trésor doit maintenir une réserve d'or de 100 millions de dollars (500 millions de francs). Cette réserve était tombée il y a quelques mois à 75 millions de dollars, le ministre des finances ayant dû l'entamer après épuisement de toutes les autres ressources. A l'aide du produit de l'emprunt de 250 millions, le montant a pu être relevé passagèrement au-dessus de 100 millions. Mais les embarras ont surgi de nouveau, plus pressants, et la première quinzaine de juillet a vu la réserve destinée aux greenbacks tomber au niveau le plus bas depuis le commencement de la crise, à moins de 65 millions de dollars.

S'il est indifférent aux Américains que leur or émigré, ils n'ont qu'à laisser les choses aller comme elles vont en ce moment. Si le maintien de l'étalon d'or leur tient à cœur, ils devront se résoudre à rembourser leurs greenbacks et du même coup à réformer leur système de banques.

L'or des États-Unis n'est qu'une partie de la masse de métal jaune qui ne cesse d'affluer depuis deux ou trois années dans les deux grandes Banques de France et d'Angleterre. Cette accumulation si remarquable est avant tout une conséquence de la prolongation de l'état de crise où se trouvent presque tous les pays débiteurs. Le crédit de la République argentine est ruiné ; la guerre civile a fortement ébranlé celui du Brésil. Après le dernier krach australien, les capitaux anglais n'ont plus été disposés à alimenter les dépôts des banques de Melbourne et de Sydney. L'Inde souffre de la crise de l'argent ; depuis que ses monnaies sont fermées à la frappe de ce métal, ses excédents si considérables d'exportation ont disparu, ventes et achats se faisant désormais équilibre ; mais le change condamne ses finances au régime du déficit. Les États-Unis, on vient de le voir, sont engagés dans les inextricables questions du tari ! et de la circulation. Dans tous ces pays, d'énormes capitaux britanniques ont mis sur pied diverses entreprises ou souscrit des emprunts, auxquels se sont associés, dans une moindre part, des capitaux français. Naguère, c'est-à-dire avant 1890, les paiements que ces nations avaient à effectuer à Londres et à Paris pour l'intérêt de leurs dettes, étaient compensés par de nouveaux emprunts. Le montant annuel dû chaque année pour l'intérêt s'accroissait ainsi à un taux composé, mais la nécessité de remises en or était évitée ; au surplus, une partie des sommes dues était toujours compensée en expéditions de marchandises.

Aujourd'hui ces pays n'empruntent plus. Ce n'est pas certes qu'ils n'en aient encore le désir, mais ils n'ont plus de crédit ; et les Australiens ne sont pas beaucoup mieux traités actuellement, à cet égard, par les capitalistes anglais, que les Brésiliens et les Argentins. Donc plus d'emplois de capitaux britanniques et français au dehors, plus de chemins de fer étrangers à construire, ou très peu (on s'intéresse en France depuis une année ou deux au développement des voies ferrées dans le vieil empire ottoman), plus d'entreprises exotiques. Alors s'est manifestée l'énormité de la dette de tous ces pays envers les banquiers de Londres et de Paris. Les remises succèdent aux remises, sans que les expéditions de marchandises puissent désormais fournir des compensations suffisantes, et c'est ainsi que l'or s'accumule à Londres, où le stock de la Banque d'Angleterre va atteindre un milliard de francs, et à Paris où il est bien près de 1 850 millions. Avec les stocks également accumulés à Saint-Pétersbourg, et à Berlin, on arrive à un total de o milliards d'or dont la concentration dans quatre caisses de l'Europe accuse l'affaiblissement prolongé de la confiance dans les relations commerciales et financières de toutes les nations du monde.

VII

Cet. état de détresse ou de dépression économique où sont depuis deux ou trois ans presque tous les pays neufs, — États-Unis, République Argentine, Brésil, Australie, — et aussi nombre de vieux pays, frappés de la maladie monétaire, explique la recrudescence que l'on constate dans le mouvement de baisse des prix de toutes les denrées de grande consommation, constituant la substance même du commerce international. Les *Index Numbers*, qui sont des quantités de convention, représentant les variations des moyennes de prix sur un ensemble déterminé de produits et de marchandises, nous apprennent qu'en ce moment les prix, considérés en masse, accusent une réduction de 5 pour 100 sur le niveau constaté au mois d'avril 1893. Il y a quelques exceptions à relever, par exemple le fer, les rails d'acier, la houille, le lin, le jute, la viande de boucherie ; mais la baisse a frappé le cuivre, l'étain, le plomb, le blé, la farine, les pommes de terre, le riz, le coton, la laine, la soie, le chanvre, le sucre, même le thé, et très légèrement le café. Si l'on compare les prix actuels à ceux de la fin de 1891, les exceptions indiquées ci-dessus disparaissent, celle du fin seul subsiste, et sur les autres articles la dépréciation apparaît plus considérable encore. Nous avons sous les yeux un tableau dressé par l'*Economist* de Londres ; nous y voyons que dans cet espace de trente mois, le prix de la tonne de rails d'acier a baissé de 4 livres sterling 2 sh. à 3 liv. 12, la tonne de houille à Londres, de 18 sh. 6 d. à 15 sh. 6, la tonne de cuivre de 46 liv. à 38, la tonne d'étain de 90 liv. à 71, la tonne de plomb de 11 liv. 10 à 9 liv. 5, la tonne de chanvre de 29 liv. à 22, celle de jute de 17 liv. à 15, le *quarter* de blé de 1 liv. 16 à 1 liv. 2, le pétrole de 5 à 3 1/2 pence le gallon, etc.

En réalité les prix n'ont pas cessé de baisser depuis 1820, à travers des fluctuations souvent considérables, sous l'influence de causes qui affectaient tantôt la valeur des marchandises, tantôt celle de la monnaie dans laquelle les prix sont exprimés. Les principales causes ont été naturellement les grandes inventions mécaniques qui ont changé la condition économique du monde, la substitution de modes de transport rapides, peu coûteux et sûrs, aux anciens modes, longs, coûteux et incertains, qui augmentaient dans une si large mesure les frais de production. Cette révolution dans les modes de transport a supprimé aussi, en partie, les accumulations prolongées de marchandises dans les magasins particuliers. Les grandes maisons mercantiles ne sont plus nécessaires. Le premier venu, avec un capital modéré et un bon crédit, peut faire venir d'une partie quelconque du monde telles marchandises qu'il désire. L'ordre est expédié on quelques minutes, réalisé en une semaine de New-York, en peu de semaines de l'Inde ou de la Chine. New-York est plus près de l'Europe aujourd'hui que Dublin ne l'était de Londres au commencement du siècle. Depuis moins de cent ans ont surgi les pays nouveaux, avec leur puissance croissante de production, les États-Unis, l'Australasie, les républiques de l'Amérique du Sud, le Canada, l'Inde britannique et l'Afrique du Sud. Des régions d'une civilisation très ancienne, comme la Chine et le Japon, se sont ouvertes au commerce occidental. Vers le milieu du siècle, après la famine irlandaise de 1847 et la révolution de 1848, a commencé la grande émigration européenne qui a porté dans ces pays neufs une énergie de travail dont le perfectionnement rapide de l'outillage industriel a presque aussitôt accru l'intensité et le rendement. Bien que les banques ne servent que comme mécanisme de distribution entre les classes qui épargnent et celles qui produisent, leur développement a contribué aux mêmes résultats que toutes les autres forces civilisatrices ; le rôle du capital s'est doublé de celui du crédit qui n'a pas tardé à devenir prépondérant.

La réduction des prix résultant de tant de causes diverses opérant vers la même «(in a été surtout accusée dans le dernier quart du siècle. Bien que la grande époque de construction des chemins de fer ait commencé en 1845, le plein effet ne s'en est fait sentir que depuis 1870. Le canal de Suez a été ouvert à peu près à la même époque, et la transformation opérée par la vapeur dans les conditions de la navigation n'est pas plus ancienne. L'année 1873 a été le point de départ d'une dépréciation générale des produits. De 1874 à 1894, le kilogramme de coton brut a fléchi de 2 fr. 75 à 1,28, le coton filé de 4,80 à 2,59, la laine brute de 3,78 à 2,15 ; le mètre de cotonnade unie de 0,47 à 0,25, de cotonnade imprimée de 0,58 à 0,35, de toile de fin de 0,85 à 0,05, de tissu de laine de 1,61 à 0,98 ; la tonne de fer brut de 112 francs à 56. En cette même année 1873 a commencé la baisse du métal argent, de 60 pence à 28, coïncidence vraiment frappante et qui a incité de savants économistes à attribuer au double phénomène une origine commune, qui serait renchérissement de l'or, l'« accroissement de valeur » du métal adopté comme la mesure commune de la valeur.

Tous les pays ayant souffert de l'avilissement continu des prix, l'hypothèse de cet enchérissement de l'or, que les Anglais désignent sous le terme *appreciation*, a donné lieu à de longues controverses, et occupé l'attention de commissions d'enquête, instituées à diverses reprises en France et en Angleterre, pour la recherche des causes qui font que les progrès mêmes de la civilisation semblent accroître les souffrances temporaires ou permanentes du commerce, de l'industrie et de l'agriculture. Y aurait-il une corrélation entre l'abaissement du niveau moyen des prix et une raréfaction plus ou moins continue de l'or ? M. Giffen l'a cru et avec lui M. Goschen. L'un et l'autre ont sans doute raison dans une certaine mesure ; il semble toutefois qu'ils ont surestimé l'importance de la hausse de l'or, en tant qu'elle résulterait à la fois d'une diminution de production de ce métal de 1871 à 1885 et de la dépréciation du métal argent pendant la même période. La cause principale de l'avilissement des prix sera toujours à chercher dans les faits généraux de civilisation et dans une des conséquences primordiales de ces faits, la surproduction. Une autre non moins importante se (trouve dans les applications nouvelles de la science à l'industrie, qui diminuent brusquement de moitié ou des trois quarts le coût de certains procédés de fabrication ou d'extraction et suffisent seules à expliquer la réduction de valeur de produits comme l'acier, l'aluminium, le nitrate.

Il est bon de remarquer que, dans la période de vingt-cinq années de dépréciation qui a commencé en 1870, il faut distinguer des périodes d'avilissement continu et d'autres de reprise temporaire : la baisse ayant duré de 1873 à 1879, un relèvement s'est produit de 1880 à 1882 ; la dépréciation a recommencé de 1883 à 1888 ; une amélioration a eu lieu de 1888 à 1891. Enfin depuis 1891 la dépression suit de nouveau son cours en dépit de tous les efforts du protectionnisme.

VIII

Les prix n'ont pas plus baissé dans l'agriculture que dans les autres industries, mais la dépréciation y est peut-être plus sensible à cause de l'énormité du capital engagé et du peu de marge qu'elle laisse au bénéfice. La cédule B (revenu de la terre) de l'*income-tax* britannique était évaluée, en 1842, à 42 342 000 liv. st. Cinquante années plus tard, en 1892, cette évaluation, loin de présenter une augmentation, avait fléchi légèrement, et n'était plus que de 41 682 000 livres, malgré la dépense considérable de capital que l'agriculture avait faite pendant ce demi-siècle, et alors que l'évaluation pour la propriété bâtie avait été portée de 35 à 120 millions de livres. Convient-il d'attribuer ces résultats, si nettement fâcheux pour l'agriculture, au régime économique et commercial que s'est donné l'Angleterre et qu'elle maintient obstinément ? M. C. François, dans une étude fort intéressante : *Trente années de libre-échange en Angleterre*, le conteste : « Une diminution importante dans les surfaces consacrées à la culture du blé, compensée en partie par une augmentation des pâturages, indique que la situation de l'agriculture est moins prospère. Tout cela fût-il même imputable au libre-échange, que les avantages qui en ont résulté d'autre part auraient rendu encore ce régime favorable à l'Angleterre ; mais, même pour l'agriculture et malgré la concurrence toujours plus sérieuse des États-Unis, de l'Inde de la Russie, on ne peut dire que la situation actuelle soit le résultat du régime économique. »

Il est évident que l'état misérable de l'agriculture en Angleterre est dû à des causes multiples et complexes, et non au seul libre-échange ; il est dû surtout au prix de plus en plus bas qu'obtient le blé sur les marchés du monde depuis que les pays exotiques en produisent plus que ne peut faire l'Europe. Jamais peut-être, il faut bien le dire, le prix du froment n'a été aussi avili qu'en ce moment.

L'Angleterre, qui en a importé en mai dernier 4 266 000 hectolitres, contre 3 546 000 en mai 1892 et 3 millions en 1891, l'a payé 9 fr. 67 l'hectolitre, contre 12 fr. 30 il y a un an et 15 fr. 05 il y a deux ans. Ces prix correspondent à ceux de 12 fr. 90, 16 fr. 40 et 20 fr. 20 par 100 kilogrammes, Or le prix courant et officiel était, au 1er juin, par quintal métrique, 14 fr. 50 à 15 francs à Londres, 12 francs à Amsterdam, 11 francs à Chicago. En mai le quintal de blé tendre, à Bourgas (Roumélie), a valu 9 fr. 10, le blé dur 8 francs, le seigle 6 fr. 70, l'orge 5 fr. 35. Dans les pays où le blé est frappé de droits de douane les prix étaient à peu près égaux à la moyenne de ceux de Londres et d'Amsterdam, augmentés du droit, 19 francs à 19,50 à Paris, 17 francs à 17,50 à Berlin.

Cette situation a-t-elle quelque chance de se modifier d'ici peu de temps ? Les protectionnistes, en faisant voter par le Parlement un droit de 7 francs à l'importation du froment, n'auront-ils réussi qu'à maintenir la valeur du blé à 5 francs au-dessous du prix où la culture en peut seulement être rémunératrice, si l'on en croit les déclarations faites solennellement il y a plusieurs mois au Parlement ? Rien ne semble annoncer un revirement prochain dans les causes d'avilissement. Les avis sur les récoltes en France sont satisfaisants, et pour toutes les céréales en générait Les pluies de juin ont fait concevoir quelques craintes que l'événement a déjà démenties. Dans les pays étrangers les apparences sont magnifiques : tout annonce que les États-Unis et la Russie inonderont encore l'Europe de leurs récoltes en 1894. Quant à la République Argentine, où la production du blé atteint déjà 28 millions d'hectolitres, — grâce à une prime sur l'or de 270 pour 100 qui offre à l'exportation un profit artificiel et temporaire, mais enfin un profit, — elle devra vendre sa récolte à peine moissonnée pour faire face à ses obligations, et la seule perspective de cette pression sur le marché a fait baisser le prix à Londres de 2 fr. 15 par hectolitre depuis le 1er janvier.

Il faut ajouter que si les récoltes s'annoncent partout si belles, le blé non encore vendu reste surabondant ; les stocks sont loin d'être épuisés, et comment s'en étonner lorsque, d'après les plus sérieuses autorités, la production moyenne du blé dans le monde entier, pendant les trois dernières années, aurait été de 8i9 millions d'hectolitres par an, contre 789 millions pendant les trois années précédentes, soit une augmentation annuelle de 60 millions d'hectolitres ? En Angleterre, en Amérique, nombre de fermiers ont nourri leurs bestiaux avec leur froment plutôt que de le vendre aux prix du marché.

L'année 1893 a été particulièrement désastreuse, au point de vue agricole, pour la Grande-Bretagne : 18 millions et demi d'hectolitres de blé contre 21 on 1892 et 25 en 1894 ; 24 millions d'orge contre 26 en 1892 ; 6 millions de tonnes de pommes de terre contre 6 et demie ; 9 millions de tonnes de foin contre 12 600 000. Seule la production d'avoine accuse un accroissement. Cette malheureuse année a vu s'accentuer le mouvement de diminution des surfaces consacrées à la culture du blé et d'augmentation des pâturages qui déjà occupaient 11 millions d'hectares en 1889. L'élevage donne en effet des résultats moins mauvais que la culture, et si l'Angleterre est obligée chaque année de faire venir de l'extérieur une plus grande proportion de la quantité de blé nécessaire à son alimentation, la quantité de viande fournie par le marché intérieur s'est accrue, de même que la valeur des produits de ferme. La compensation toutefois est insuffisante.

Les agriculteurs anglais abandonnent donc de plus en plus la culture du blé, qui n'est plus rémunératrice. Les prix des autres céréales se sont également abaissés dans une proportion énorme. Une commission royale a été chargée de faire une enquête sur les causes de la détresse actuelle de l'agriculture britannique et sur les moyens d'y porter remède. D'après une communication faite à la fin d'avril dernier à cette commission par M. Giffen, la production agricole de la Grande-Bretagne en 1891 représentait une valeur totale de 222 millions de livres sterling ; elle aurait valu 300 millions si elle avait été calculée aux prix de 1874, d'où il ressort que les prix des produits ont baissé de 25 pour 100 dans cette période de dix-sept années.

Naturellement l'évaluation faite par M. Giffen n'est pas acceptée sans contradiction. Si l'on en croit sir James Caird, qui a évalué la production de 1891 à 260 millions, la baisse des prix n'aurait été que de 12 à 15 pour 100, alors que d'autres autorités la portent plus loin encore que M. Giffen, soit à 30 et même 40 pour 100. Les fermages n'ont pas baissé dans la même proportion, il s'en faut, et d'autre part les salaires se sont élevés. Dans le Northumberland les gages des ouvriers agricoles, en 1870, fixés à 15 ou 18 shellings par semaine, étaient payés on nature ; aujourd'hui ils dépassent une livre sterling et sont payés en espèces. C'est une augmentation de 50 pour 100, si l'on tient compte de la baisse des prix des denrées. Que peuvent devenir les malheureux fermiers, pris ainsi entre les impôts, l'avilissement des produits, l'*appreciation* de l'or, et renchérissement de la main-d'œuvre ?

IX

Un exemple particulier de l'état de misère où se trouve l'agriculture britannique : à quelques kilomètres de Londres commence le comté d'Essex dont les champs d'argile s'étendent jusqu'à la mer du Nord. C'est le dixième, pour l'étendue, des comtés d'Angleterre ; il embrasse un million d'acres, soit 400 000 hectares, et sur ce million d'acres, 830 000 environ sont cultivés. Cette superficie se divise elle-même en trois dixièmes de pâturages permanents et sept dixièmes de terres arables. Il y a dix ans, les terres en labour du comté d'Essex étaient, à l'égard des pâtures, dans la proportion de 74 à 26, et dix années encore auparavant, dans celle de 78 à 22, quand elles ne présentent plus aujourd'hui que celle de 70 à 30. De plus la culture des céréales représentait il y a vingt ans 60 pour 100 de la superficie cultivée ; la proportion est descendue à 45 pour 100 en 1883, à 40 pour 100 en 1893. Le pourcentage du blé pendant la même période a reculé de 23 à 19, puis à 14 pour 100. En d'autres termes, les pâturages permanents qui ne composaient en 1873 qu'un peu plus du cinquième de la surface cultivée, en forment aujourd'hui presque le tiers, et le blé, qui couvrait alors presque un quart de la surface cultivée, n'en occupe plus que le septième.

La baisse des prix n'est qu'une des manifestations de cette déchéance ; l'affaiblissement du rendement en est une autre non moins caractéristique. Le rendement du blé était de 31 bushels par acre (soit 28 hectolitres par hectare) ; il n'était déjà plus que de 20 en 1883, et il n'a pas atteint 23 en 1893. De même le rendement de l'orge a fléchi de 37 à 23, celui de l'avoine de 48 à 30, celui des fèves de 32 à 15, celui des pois de 31 à 21.

Tel est l'état des choses dans un comté qui représente le quinzième de toute la superficie cultivée en blé en Angleterre, le dix-septième de la superficie en orge, le dixième de la superficie en fèves, le huitième de la superficie en pois.

L'histoire de l'agriculture dans le comté d'Essex, depuis dix années, est celle d'une lutte sans espoir contre l'adversité. Il y a quelque temps encore, il s'agissait d'une diminution constante des bénéfices d'année en année ; cette étape a été franchie, et l'on est entré dans la période des pertes chroniques, la perte de chaque année étant plus forte que celle de l'année précédente. Propriétaires et fermiers sont également frappés et ne peuvent plus lutter, écrasés par la force de lois économiques sur lesquelles ils n'ont point de contrôle. Aussi voit-on se multiplier le nombre des cottages vides, des fermes abandonnées. La charrue se retire, si admirable pour le labour que soit le sol. Des fermiers écossais ont été attirés par la dépréciation des taux des pâturages ; ils élèvent du bétail et vendent du lait aux Londoniens. Mais déjà la concurrence est grande et les prix vont cesser d'être rémunérateurs. La question de la détresse de l'agriculture dans le comté d'Essex a été agitée le 11 juin dans les deux chambres du Parlement anglais. La discussion n'a abouti à aucun résultat. Le chancelier de l'Échiquier a dû déclarer qu'il ne voyait aucun remède aux maux actuels qui accablent les cultivateurs. Il a reconnu qu'il était déplorable de voir non seulement dans l'Essex, mais dans nombre d'autres comtés de l'Angleterre, des terres à blé cesser d'être cultivées et leur capacité de produire s'éteindre brusquement. Mais le gouvernement ne dispose d'aucun moyen pratique pour combattre ces conséquences de l'implacable concurrence étrangère. On a proposé comme remèdes la protection et le bimétallisme ; ni le gouvernement n'est disposé à recommander au parlement ces deux expédients, ni le parlement à les adopter.

X

Les choses ne se passent pas ainsi chez nous. Il ferait beau voir un membre de notre cabinet, M. Viger, par exemple, qui vient de porter la bonne parole aux agriculteurs français dans tant de concours régionaux, répondre à la tribune de la Chambre qu'il ne connaît pas de remède gouvernemental pour les souffrances de l'agriculture. Les remèdes abondent, et l'ordonnance des docteurs en présente une belle énumération, à commencer par le fameux droit de 7 francs. Ce droit, disait-on il y a trois mois, suffirait assurément pour maintenir à 25 francs le prix du quintal de blé : or, depuis le vote du droit, ce prix n'a guère dépassé 20 francs ; il tombait il y a peu de jours à 18 fr. 75, alors qu'à Londres des apports argentins de froment se vendaient 12 francs le quintal.

L'écart du droit se trouve ainsi conservé et nos agriculteurs en ont le plein profit. Mais ouvrons le *Journal Officiel* et relisons quelques-uns des discours prononcés en février sur les propositions de la commission des douanes. Voici une déclaration faite le 12 février : « Il est établi aujourd'hui et généralement reconnu par tous ceux qui s'occupent quelque peu d'agriculture, que le cultivateur français ne peut pas produire le blé à un prix de revient inférieur à 24 ou 25 francs le quintal. » D'un autre orateur, le même jour : « La réalité, vous la connaissez tous : c'est que, actuellement, le cultivateur français perd 3 ou 4 francs et même peut-être plus dans certaines contrées, sur chaque quintal de blé qu'il vend, et que, par conséquent, si cet état de choses se perpétue, il amènera nécessairement et à bref délai l'abandon de la culture du froment en France. » Et encore : « Prenons la situation actuelle. Le prix du blé est, maintenant, de 20 francs ou 20 fr. 50 le quintal. S'il est vrai que le prix de revient est de 25 francs, avec le droit actuel de 5 francs le cultivateur perd 5 francs. » Ce prix de revient de 25 francs par quintal n'était pas un prix indiqué en l'air, au cours du débat, pour les besoins d'une thèse : c'est celui qu'indiquait le marquis de Roys, dans son rapport de 1886, comme un minimum pour un assolement triennal. M. Deschanel, M. Bernard-Lavergne donnaient ce même prix, qui était également celui de la plupart des agriculteurs membres de la commission des douanes.

Malgré tant de témoignages, émanant tous, il est vrai, d'agriculteurs ou d'avocats de l'agriculture, il y a certainement place au doute. Comment une industrie aussi colossale se poursuivrait-elle sans diminution apparente d'activité, si vraiment elle ne pouvait s'exercer, malgré l'aide si puissante du gouvernement et des lois douanières, que dans des conditions à ce point désastreuses ? Que nos agriculteurs songent au sort de leurs confrères d'outre-Manche, et ils estimeront enviable leur propre situation, si difficile qu'elle reste par certains côtés. Nous risquerons-nous à la suite de ceux qui conseillent aux agriculteurs de perfectionner leurs procédés, de renoncer à la routine, de faire de la culture intensive, scientifique, chimique, de couvrir leurs champs d'engrais puissants, nitrates, phosphates, hyperphosphates, de labourer, herser, semer, moissonner avec de puissantes machines ? Mais des gens qui prétendent perdre cinq francs par quintal, pensent, non sans raison, que ce n'est pas de conseils qu'ils ont besoin, mais de subventions gouvernementales sous la forme de droits de douane. Ils ajoutent, comme le faisait en février un de leurs amis au Palais-Bourbon, que, pour faire de la culture intensive, il faut des fumures intensives, et que, pour obtenir des fumures intensives, il faut avoir de l'argent intensif. Ce qui rassure toutefois, c'est que dans l'industrie agricole, il y a d'autres branches que la culture des céréales, et que, si Las que soient les prix pour tous les produits, il y a plusieurs de ces branches encore où des profits sont possibles. Lors donc que l'on proclame à la tribune que l'agriculture n'est plus rémunératrice, il y a bien des chances pour que cette assertion soit exagérée et n'ait été produite, avec la persistance que l'on a vue, que pour aider à obtenir un allégement de charges fiscales ou un relèvement de droits de douane. On ne saurait trop rappeler que, de toutes les industries françaises, l'agriculture est encore la plus importante par la valeur de ses produits, la masse des capitaux qu'elle met en œuvre, le nombre des bras qu'elle occupe, la variété et le chiffre des transactions auxquelles elle donne lieu, et qu'à trop étaler ses misères devant l'opinion publique, on risque de la très mal servir, en éloignant d'elle non seulement les capitaux, mais aussi les intelligences et les activités qu'elle peut et doit attirer.

La valeur des produits de l'agriculture se chiffre par un nombre respectable de milliards. Des évaluations, très optimistes il est vrai, présentées en 1891 à la Société nationale d'agriculture sur le total que pouvaient atteindre ces milliards, avaient éveillé l'attention et provoqué des controverses. M. Levasseur parla de 14 à 16 milliards pour 1890. C'était une estimation bien élevée et la baisse générale des prix devrait la réduire sensiblement pour 1893. Dans des études récentes, M. Zolla[1] exprime cependant la conviction que le produit brut de l'industrie agricole, après déduction de tous doubles emplois, dépasse 11 milliards ; or la valeur du produit brut de l'industrie française proprement dite, considérée dans son ensemble, est de 12 milliards, chiffre qui contient la valeur des matières premières en même temps que la plus-value que leur a donnée le travail industriel.

Le produit brut de l'agriculture atteint donc à peu près la même valeur totale que celui de toute l'industrie française. Ajoutons que, si la population industrielle dépasse en notre pays 9 millions de personnes, le chiffre de la population agricole est deux fois plus considérable, atteignant 18 millions, c'est-à-dire presque la moitié de toute la population française. Quant aux capitaux d'exploitation, représentés par le bétail, les fourrages, les semences, les instruments agricoles, on les peut évaluer à plus de 13 milliards.

Un point sur lequel les amis de l'agriculture ne sauraient trop insister, et qu'ils devraient opposer comme correctif aux lamentations excessives sur les difficultés de la situation présente, est l'importance du développement auquel l'activité agricole est encore réservée : « Dans l'industrie, dit M. Zolla, l'instrument, l'outil, la machine, jouent un rôle prépondérant. Rien de pareil, semble-t-il, en agriculture. La machine ne joue là qu'un rôle assez effacé. Les trois agents de transformation que l'homme utilise dans les campagnes sont : la terre, la plante et l'animal. Or les lois qui règlent les combinaisons chimiques dont le sol est le théâtre, celles qui décident de la vie des plantes ou du développement de l'animal, sont à peine entrevues depuis un demi-siècle. En développant notre pensée, nous pourrions montrer l'erreur de ceux qui voient dans l'agriculture une industrie sans avenir, et les raisons cachées de la lenteur avec laquelle s'est développée la production rurale dans les pays civilisés. Qu'on ne se hâte donc pas d'accuser d'inintelligence ou de routine la moitié de la population d'une nation. Les difficultés de la production agricole sont si grandes, et les mystères en sont si profonds, qu'on doit rester indulgent pour ceux qui avaient à triompher des unes et à pénétrer les autres. »

L'agriculture se perfectionnera sûrement par l'application de découvertes scientifiques nouvelles, dont la portée ne saurait être exactement limitée ; mais cette application n'est possible qu'à la condition d'être lucrative, ce qui explique qu'elle soit forcément lente et graduelle, les gains réalisés devant décider en dernier ressort du choix des systèmes de culture. Le total de 11 à 12 milliards, représentant, comme il a été dit ci-dessus, la production annuelle, est formé des éléments suivants : céréales, 3 500 millions de francs ; vins, 2 400 millions ; lait, 1 200 ; pommes de terre, 700 ; graines diverses, 675 ; fromages et beurres 430 ; œufs, 428 ; bois, 360 ; légumes de maraîchers, 350 ; cidre, 315 ; fruits, 280, etc. Dans cet ensemble, le produit des céréales n'occupe que le quart ; la seconde place dans la nomenclature appartient aux vins, et justement la viticulture, si on l'en croit elle-même, est encore dans une situation bien plus lamentable que sa sœur la culture des céréales. A celle-ci en effet, la Chambre et le gouvernement ont donné le droit de 7 francs : est-il vrai que l'on n'ait absolument rien fait pour celle-là ?

XI

La vérité est que l'on a tenté beaucoup et que l'on a peu réussi ; que le parti protectionniste a montré du bon vouloir, déployé même du zèle, mais que les victimes de la mévente des vins ont obtenu jusqu'ici plus de promesses et de bonnes paroles qu'une aide effective. Il aurait fallu pouvoir s'en prendre au consommateur et lui faire payer le remède à appliquer aux souffrances de la viticulture. Mais justement le consommateur se dérobe. Ce n'est pas qu'il cesse de boire du vin, mais il boit aussi de la bière, et du cidre, et une décoction de raisins secs ayant une lointaine analogie avec le vin. La consommation de ce dernier produit a d'ailleurs déjà considérablement décru, et mourrait de sa belle mort si la commission des douanes ne cherchait à la tuer par des droits prohibitifs. La récolte de vins de 1893 a été exceptionnellement belle : 30 millions d'hectolitres contre 29 en 1892 ; et la production des cidres n'a pas été moins superbe : 32 millions d'hectolitres, soit 8 millions de plus qu'en 1885, la plus forte année de cidres depuis le commencement du siècle.

Pouvait-on exiger du consommateur qu'il bût en 1893 le double de ce qu'il avait bu en 1892 ? Cela était malaisé. Du moins pouvait-on essayer d'arranger les choses de telle sorte qu'il fût peu à peu amené à boire des vins naturels. De là une guerre sans merci, déclarée aux vins de raisins secs, aux vins mouillés, vinés, sucrés, à toutes les fabrications, à toutes les falsifications.

Les raisins secs étaient bien innocents ; ils procuraient une boisson peu coûteuse, modestement hygiénique ; on n'en consommait plus guère, on n'en consommera plus. Les vins mouillés ont trouvé des défenseurs ; car il y a des mouilleurs de bonne foi, de franc jeu, qui déclarent à leur clientèle : Voilà un mélange d'eau et de vin, c'est tant ; voilà du vin, c'est tant. Les choses seraient bien ainsi, si ce vin était vraiment du vin, mais écoutons le rapporteur de la loi contre le mouillage : « Dans presque toutes les grandes villes, on livre à la consommation populaire un liquide qui a l'aspect du vin, mais dont la base est un vin suralcoolisé à l'excès, mélangé avec de l'eau dans des proportions variables. Cette boisson ne présente aucun des caractères hygiéniques du vin véritable. L'effet nuisible des alcools impurs s'ajoute aux inconvénients de l'eau trop souvent chargée de germes malfaisants. La santé publique est menacée. L'ouvrier, qui croit boire un verre de vin, consomme à son insu un petit verre de mauvais alcool. Un grand nombre de consommateurs s'habituent chaque jour davantage à la boisson frelatée. L'alcoolisme exerce ses ravages par une voie détournée… »

On a prétendu que le mouillage, qui suppose le vinage ou suralcoolisation, ne méritait pas de tels anathèmes, et que si le commerce « créait » des vins pour le consommateur, en cuisinant à l'aide de mystérieuses recettes les produits de la vigne, c'est parce que la clientèle aimait, réclamait ces fruits du coupage, du vinage et du mouillage. La clientèle se résigne à ces vins parce qu'on a organisé la vente de telle façon que jamais on ne lui livre des vins non cuisinés. Il y aussi la terrible force de l'habitude. Tel buveur qui s'est habitué à un mauvais vin le trouvera meilleur qu'un autre qui serait naturel et de qualité vraiment supérieure, mais qui n'est pas celui qu'il a accoutumé de boire. Pour que l'habitant des villes, le consommateur parisien surtout, reprenne goût aux vins naturels, — et il y a au moins cette idée juste et saine dans la campagne menée depuis cinq mois par les viticulteurs, — il faut qu'on rouvre aux vins naturels l'accès de Paris et des grandes villes.

Ce résultat ne peut être obtenu que par la réforme du régime des boissons, le dégrèvement des boissons hygiéniques, et la suppression des droits d'octroi en ce qui les concerne. Depuis dix ans cette suppression est promise, mais, de telles promesses, combien en emporte le vent ? M. Burdeau avait déposé un projet dont l'adoption eût dégrevé le vin, le cidre et la bière de 75 millions de droits dûs à l'Etat et de 67 millions dus aux villes. M. Burdeau a quitté le ministère, et le successeur abandonne le projet de son prédécesseur. Pendant ce temps, la crise viticole suit son cours et la commission des douanes cherche des palliatifs. On a obtenu des compagnies de chemins de fer des réductions de frais de transport et l'on proscrit le mouillage, mais une autre cause d'inquiétude a surgi. Une forte partie de la dernière récolte est défectueuse, ce qui est une des causes les plus simples et les plus fortes de la mévente. Que faire de ce stock invendable ? On pourrait le brûler pour en tirer de l'alcool. Or les distillateurs font de l'alcool à plus bas prix en important des mélasses étrangères. Aussitôt la commission des douanes de mettre à l'étude l'élévation du droit sur les mélasses étrangères (non coloniales). Ce sera toujours un peu de protection pour les distillateurs de vins et de betteraves.

Il faudra en venir à l'unique remède efficace, à celle de toutes les mesures présentées et discutées qui peut seule sauver la viticulture, c'est-à-dire à la suppression ou du moins à une forte diminution des droits d'entrée et d'octroi. Alors seulement seront sérieusement combattues les fabrications et pratiques funestes à l'hygiène publique, et les vins naturels seront connus et appréciés par la population des villes. La réforme est difficile, soit. Elle a été jusqu'ici arrêtée par les embarras budgétaires. Elle est nécessaire pourtant ; elle se résoudra par l'adoption de taxes de remplacement, telles que l'élévation du droit sur l'alcool et celle du taux des licences.

Il y a toute apparence que la récolte de cette année sera aussi considérable que celle de 1893, sinon plus, et que la qualité sera supérieure. Combien la viticulture serait mieux armée contre les périls de la mévente, si une politique funeste n'avait pas dénoncé les traités de commerce qui donnaient à la France une sorte de monopole pour la vente du surplus de ses vins à l'étranger !

XII

Le fait apparaît avec une vive clarté à propos de la Suisse, où, depuis la rupture des relations commerciales, la région mâconnaise ne peut plus envoyer ses vins. Le droit d'importation en Suisse était naguère de 3 fr. 50 par hectolitre ; il s'élève aujourd'hui à 25 francs par 100 kilogrammes de marchandise brute, ce qui équivaut à 30 francs l'hectolitre, droit quasi prohibitif.

La valeur de l'exportation totale des vins français en Suisse atteignait, il y a quelques années, 50 millions, naguère encore plus de 20 millions par an, dont 6 à 7 pour le Mâconnais et le Beaujolais. Elle est tombée à des proportions insignifiantes, au moment même où les vignobles du Beaujolais, reconstitués au prix des plus grands sacrifices, commençaient à redonner de très satisfaisantes récoltes.

Il en a été pour les autres marchandises comme pour les vins. Si l'on compare les chiffres de l'année 1893 avec la moyenne de ceux des trois années 1890-92, on constate que les principales exportations de France on Suisse ont subi des diminutions considérables. Par exemple les ventes de bétail et de sucres ont à peu près disparu, ou du moins ont fléchi dans la proportion de 4 à 1. Même réduction, ou peu s'en faut, de 29 à 8 millions, sur les confections, tissus de laine, soieries, tissus de coton. Nos produits métallurgiques n'ont pas été plus heureux, machines, ouvrages on métaux, quincaillerie, montres, ouvrages en cuir, etc. Nous avons vendu de ces produits à la Suisse pour 27 millions au lieu de 85 ; la perte totale pour cette série d'articles est de 57 millions.

La Suisse a suppléé, pour la plus grande partie, par le développement de sa propre industrie, à ce déficit de l'importation française. Pour le reste, d'autres pays ont pris notre place, l'Autriche, l'Italie, l'Espagne, la Belgique, l'Allemagne surtout.

Les Suisses ont opposé à notre tarif maximum appliqué à leurs marchandises, un tarif plus sévère encore que le nôtre et qui confine en bien des points à la prohibition pure. Les protectionnistes ont tiré un habile parti de ce fait en dénonçant à l'indignation des vrais patriotes les gens qui ne rougiraient pas d'aller ramper devant les Suisses pour les supplier de rétablir entre les deux pays les anciennes relations commerciales. Ces anathèmes n'ont pas empêché les présidents d'un certain nombre d'associations importantes, commerciales et industrielles, de constituer une « Union pour la reprise des rapports commerciaux avec la Suisse ». L'œuvre que se sont proposée ces amis d'une politique économique libérale est très méritoire, mais d'une réalisation difficile et réellement délicate. Le cas particulier de la Suisse fait ressortir, avec plus de netteté peut-être que tout autre, le préjudice considérable que portent à certaines de nos industries et à certaines de nos populations l'application du régime protectionniste et la suppression des traités de commerce ; mais on ne peut résoudre sur un cas particulier l'ensemble du problème économique, et il serait difficile de pratiquer avec franchise et résolution le libre-échange avec la Suisse tandis que l'on resterait armé en guerre contre l'Italie et contre l'Espagne. Il eût été facile de ne pas se brouiller avec les Suisses ; quelques concessions habilement choisies eussent assuré ce résultat. Se réconcilier avec ces clients perdus et leur faire reprendre le chemin de nos maisons de commerce est moins commode, d'autant que les Suisses sont obstinés, qu'ils ont usé de représailles sans scrupule, et que leur situation commerciale nouvelle semble moins leur peser que ne pèse à nos libre-échangistes la décroissance déplorable de nos échanges avec ces excellons voisins. La Chambre de commerce italienne à Paris s'est donné pour tâche de suivre de près toutes les phases par lesquelles passe le commerce entre les deux nations que séparent les Alpes, et de signaler au public commerçant les incidents intéressants que peut lui révéler cette observation attentive. Un fait qui paraît résulter avec un certain caractère de généralité du régime nouveau sous lequel se meuvent nos transactions commerciales avec la Suisse, l'Italie et l'Espagne, est que nous vendons de moins en moins de nos objets fabriqués ou de nos marchandises quelconques à ces trois pays, tandis que la décroissance de leurs ventes chez nous suit une marche beaucoup plus lente. Pour la Suisse, l'explication est dans le caractère presque prohibitif des droits par lesquels cet Etat a répondu à l'application de notre tarif maximum. Pour l'Italie et l'Espagne, la raison du phénomène est l'état du change dans ces deux pays (12 pour 100 en Italie, 22 pour 100 en Espagne), état qui, en vertu d'une loi économique des mieux établis, sert de frein aux importations et favorise le développement des exportations.

En 1893 les importations italiennes en France se sont élevées à 139 millions, les importations françaises en Italie à 123, et l'application de la loi apparaît mieux encore si l'on considère le commerce de l'Italie avec toutes les nations pendant les quatre premiers mois de 1894. L'Italie a importé pour 39 millions de moins et exporté pour 44 millions de plus pendant cette période que pendant la période correspondante de 1893, et ses exportations, ont égalé, à 2 millions près, ses importations, alors qu'il y a un an l'écart en faveur de celles-ci était encore considérable.

Les partisans du rétablissement des rapports commerciaux avec l'Italie et la Suisse ne sont pas seuls à protester contre nos tarifs douaniers. A vrai dire, les protestations surgissent de tous côtés. L'industrie de la laine traverse une crise aiguë, et les délégués des principaux centres lainiers ont constitué à Paris une association nationale ayant pour mission de sauvegarder les intérêts compromis de l'industrie lainière. Les membres du bureau sont des manufacturiers de Roubaix, Tourcoing, Reims, Beauvais, Guise, etc. Toutes les branches de l'industrie, peignage, filature, tissage, teinture et apprêts, étaient représentées à la réunion constitutive. On signale une région particulièrement éprouvée, celle de Fourmies, qui possède un matériel industriel de 68 millions, emploie 26 000 ouvriers, distribue 27 millions de salaires, transforme annuellement pour 150 millions de produits : or en cette contrée, si nous en croyons des relations dont il n'y a pas de raison de suspecter la sincérité, la valeur des terrains et habitations aurait diminué de moitié, et celle des établissements industriels serait avilie au cinquième.

La fermeture des débouchés est la cause directe de cette misère. Au commencement de janvier de cette année, M. Méline eut l'idée d'ouvrir auprès des Chambres de commerce une enquête privée sur les résultats obtenus par l'application des nouveaux tarifs. Voici un extrait de la réponse que lui adressa la Chambre de commerce de Reims : « Si le temps écoulé depuis le vote de la loi du 11 janvier 1892 permet d'apprécier aujourd'hui l'importance des résultats du nouveau régime économique, il nous est permis de dire, au moins quant à nous et spécialement quant à l'industrie lainière, que ces résultats ont été désastreux ; et, si l'association que vous présidez a le droit de s'attribuer une part des bienfaits des nouveaux tarifs, il est non moins vrai de dire qu'elle a une part de responsabilité dans les tristes conséquences dont nous subissons le contre-coup, par suite tant de la perte de nos principaux débouchés que de l'amoindrissement de ceux qui nous restent. »

Le bureau de l'association lainière qui s'était constituée pour la défense de ses intérêts industriels menacés, a fait ce que fait tout d'abord en France quiconque se croit lésé par un phénomène économique : il s'est tourné vers l'Etat et est allé réclamer la bienveillance du ministre du Commerce. Mais justement le cabinet venait de tomber, et le titulaire du Commerce avait cédé la place à un autre personnage. Peu importait d'ailleurs, pourvu qu'il promît sa bienveillance, et naturellement il la promit. A quelque temps de là, on entendit une bouche officielle tenir un langage extraordinaire, merveilleux, un ministre faisant l'éloge de l'initiative individuelle, parlant contre la tutelle de l'Etat. Et cet audacieux était le ministre de l'Agriculture, prononçant son discours professionnel au concours régional de Lille. Nous citons textuellement : «... Il est un fait qu'il faut dégager par-dessus tout : cette œuvre (l'agriculture dans la région flamande) a été accomplie sous l'égide des libres institutions de la vieille Flandre que la conquête avait respectées ; c'est donc non seulement l'agriculture de la région qu'il faut louer : il est nécessaire d'y joindre le tribut de notre admiration pour les merveilles accomplies par l'initiative individuelle sous le régime de la liberté. Et partout où l'homme seul n'a pu triompher des difficultés naturelles, c'est au principe fécond de l'association qu'il a eu recours, mais en *repoussant la tutelle de l'État*, en conservant soigneusement l'idée tutélaire de la propriété individuelle, dont le stimulant a produit de merveilleux effets. » Belles paroles, et bonnes à méditer pour les fanatiques de l'État-providence !

Notes

1. *Les Questions agricoles d'hier et d'aujourd'hui.*

Partie II

I

La plus urgente des questions sociales à résoudre à l'heure actuelle est encore la question agricole. Il ne faut pas que nos populations des campagnes, si patientes, si dures à la souffrance, se découragent et désapprennent l'amour de la terre. La question agricole est donc le problème qui sollicite avec le plus de persistance et d'âpreté l'attention des gouvernements et des législatures dans tout le monde civilisé. Des deux panacées que les amis de l'agriculture avaient cru découvrir pour les maux dont l'expression est universelle, l'une, la protection, n'a donné que de douteuses satisfactions ; l'autre, le bimétallisme, s'il était applicable, n'en donnerait que de plus illusoires encore. Si cependant l'agitation bimétalliste n'a jamais été aussi vive, ne s'est étendue à autant de pays que pendant les premiers mois de 1895, malgré l'accroissement continu de la production de l'or, cela est dû aux cris de détresse que l'agriculture a poussés dans les deux mondes, à une insurrection générale des intérêts agricoles, en France, en Angleterre, en Allemagne, contre la concurrence des pays neufs, où le travail se paye avec une monnaie dépréciée.

Ces intérêts, férocement protectionnistes par nature, ne voient de salut, dans la crise qu'ils subissent, qu'en le secours de l'État, mis en demeure par eux d'assurer par des lois le retour de la prospérité. C'est aussi l'intervention de l'État, de la législation, qui est l'objectif principal de la campagne que mènent les bimétallistes, et c'est bien cette communauté de dessein qui a déterminé les protectionnistes à confondre leurs bataillons avec ceux des bimétallistes et à lutter sous le même drapeau. L'alliance a été officiellement signée au début de cette année dans une réunion de la Société des agriculteurs de France, et dès lors toutes les forces de la France agricole, toute l'armée des syndicats, des unions régionales, des associations rurales, ont été enrôlées contre la tyrannie de l'étalon d'or. On n'ignore pas que M. Ribot, au nom du gouvernement, a promis l'appui officiel à cette nouvelle croisade.

L'agriculture est également devenue bimétalliste en Allemagne. On sait quel tapage ont fait les agrariens, il y a quelques mois seulement, dans les assemblées législatives de l'empire et de la Prusse. Ces gens-là ne s'attardent pas à disserter sur la possibilité, pour la culture du sol, de se relever de sa détresse par le perfectionnement scientifique des méthodes ou par le développement de l'enseignement rural. Ce qu'ils veulent, c'est un bénéfice industriel garanti par des décrets du gouvernement. Les prix des céréales s'obstinant à baisser, le pouvoir impérial a été sommé de commander la hausse : 1° par la réforme monétaire, 2° par l'attribution à l'État d'un monopole du commerce des blés importés, invention dont la paternité appartient de ce côté-ci des Vosges à M. Jaurès, et de l'autre côté au comte Kanitz, hobereaux et socialistes s'étant rencontrés en ce point, comme il leur arrive, on le sait, sur un assez grand nombre de questions. Le gouvernement impérial s'est efforcé d'amadouer les agrariens sur la réforme monétaire, en consentant à participer à une conférence internationale. Mais lorsque une grande partie du Landtag, entraînée par le porte-paroles des grands propriétaires fonciers, a osé demander que le gouvernement de l'Allemagne eût seul le droit d'importer et de vendre, à des prix artificiellement établis, des céréales étrangères, l'empereur et ses conseillers ont opposé à ces excessives prétentions un *non possumus* fondé, à la fois, théoriquement sur le respect des lois économiques les plus élémentaires, pratiquement sur l'existence des traités de commerce conclus avec les nations voisines. La motion du comte Kanitz a été solennellement condamnée dans la consultation extraordinaire d'un Conseil d'État exhumé pour la circonstance, et les agrariens, tout en maugréant fort, ont dû se contenter de quelques vagues promesses bimétallistes.

Les hommes qui se sont donné pour mission, en France, de parler au nom des intérêts de la démocratie rurale, ont applaudi à cette levée de boucliers de l'agriculture allemande. L'exemple tes a piqués d'émulation ; ils n'ont pas hésité à réclamer un surcroît de protection douanière, soit le retour au droit gradué [1], soit une élévation de 7 à 10 francs du droit sur les blés, avec la loi du cadenas dans les deux éventualités. Ces trop ardents champions n'en sont encore pas à réclamer pour la France une loi Kanitz. L'un d'eux, cependant, a laissé entendre que, s'il n'avait pas, en vingt circonstances, affirmé publiquement que l'attribution d'un monopole à l'État n'était, à son avis, admissible qu'à titre tout à fait exceptionnel, quand il s'agit, par exemple, d'une consommation inutile à la vie, comme le tabac, ou nuisible, comme l'alcool, il aurait volontiers demandé pour l'agriculture française la protection comme en Prusse. Il n'y a pas à s'indigner de ces exagérations qui traduisent, ici et là, l'intensité des souffrances trop réelles d'une industrie dont la prospérité importe tant à la grandeur de notre pays. Si l'on voit ses représentants verser ainsi dans un empirisme dangereux, la faute en est peut-être à l'impassibilité indifférente des docteurs, les grands consultants de la « science économique », qui dissertent sur le cas en invoquant les auteurs classiques, démontrant qu'il faut rester fidèle à la méthode et avoir le courage de souffrir, même de mourir, pour l'honneur d'observer les principes de la Faculté.

Il faut toujours avoir sous les yeux l'exemple de l'Angleterre, qui a dû renoncer à la culture du blé ou tout au moins la réduire au rôle de culture accessoire, et répéter bien haut que, si un pareil malheur devait frapper la France, le désastre serait irréparable. En Angleterre même, on n'est pas encore résigné à cette décadence de l'agriculture ; on est plutôt tenté d'y voir le prélude d'une crise économique et sociale formidable, où l'antique prospérité industrielle risquera à son lourde sombrer, et c'est la perspective, la frayeur de ces misères d'un avenir prochain, qui transforment tant d'hommes politiques anglais, tant de propriétaires terriens et de manufacturiers de Birmingham et de Manchester, jadis fervents adorateurs de Cobden, pieux monométallistes-or et libre-échangistes, en partisans chaque jour plus nombreux et plus bruyants du bimétallisme et du protectionnisme.

II

Les agriculteurs des deux mondes ont eu un moment d'espoir il y a deux mois : le prix du blé s'élevait, avec celui de plusieurs autres grandes denrées. C'est d'Amérique que venait l'impulsion. En février le quintal de blé valait 10 et 11 francs à Chicago et à New-York. Il s'est élevé très rapidement à 14 fr. 50 et 15 francs. Ces prix ne se sont pas maintenus, le niveau actuel (fin juillet) est 13 fr. 25 et 14 francs. En Angleterre le prix de 20 shillings le quarter (290 litres), prix de ruine, a fait place en quelques semaines à celui de 30 shillings, qui n'a pu être conservé longtemps il est vrai, mais sur lequel il n'y a eu qu'une réaction de 3 ou 4 shillings. La spéculation aux États-Unis avait fait monter les prix des céréales pour relever les cours des actions des chemins de fer qui les transportent, comme elle a fait monter les cours du cuivre et ceux du pétrole, pour relever ceux des actions des entreprises cuprifères ou pétrolières. La hausse a été moins forte en France, où de 17 francs le quintal, le prix le plus avili qui ait été atteint durant la crise pour le froment, l'amélioration n'a pu dépasser 3 francs. Durant deux mois les cours ont oscillé entre 19 fr. 50 et 20 fr. 50. Depuis juin les prix se sont de nouveau avilis à 19 fr. 50. Malgré le fret et le droit protecteur de 7 francs, il n'existe donc en ce moment qu'un écart de 5 à 6 francs entre le prix courant à Paris et la cote de New-York.

Diverses explications ont été données de ces velléités de hausse des prix du froment ; la plus plausible est l'espérance d'une diminution dans la production. En France il y a une légère réduction dans la superficie des emblavures, le même fait est signalé de divers pays. La récolte dans le monde entier ne promet point d'être aussi abondante qu'elle a été dans les deux dernières années. La France, la Russie, l'Autriche-Hongrie, la Roumanie, les États-Unis, ont produit en 1894, ensemble, près de 500 millions d'hectolitres de blé. Une diminution de 10 pour 100, soit de 50 millions d'hectolitres, produirait un effet considérable sur tous les marchés de céréales. Il ne semble pas qu'en France on ait eu propension, au moins jusqu'à ces dernières semaines, qui ont été détestables, à trop se plaindre pour la quantité ni pour la qualité. Chez nos voisins d'outre-Manche, au contraire, les deux derniers mois ont à peu près ruiné les espérances brillantes que les quatre premiers avaient fait concevoir. A côté de districts privilégiés qui ont reçu la quantité de pluie nécessaire, d'autres ont été grillés par une sécheresse comparable à celle de 1893. Les fruits ont été atteints comme les céréales. Pour une grande partie de l'Angleterre, l'année sera une des plus mauvaises que l'on ait jamais vues. Il y a quelques semaines encore, alors que la récolte de loin était déjà si compromise, la situation gardait un trait consolant, la perspective d'une récolte satisfaisante en froment et de prix soutenus ; le rendement sera médiocre, et les prix, on l'a vu, après avoir haussé pour un temps, ont peine à se maintenir.

On a cru longtemps que la prospérité du producteur dépendait de l'excédent de sa production au-delà des plus stricts besoins. Aujourd'hui la plus grande partie des misères économiques peut être attribuée très justement à la surproduction : aussi n'est-il point un article de consommation générale qui ne donne lieu aux plus sérieux efforts en vue d'une limitation, par voie d'entente universelle, de sa production annuelle. Depuis longtemps déjà on a vu les propriétaires des mines de Westphalie, les maîtres de forge de l'Autriche, les compagnies charbonnières de la Pennsylvanie, conclure des accords temporaires pour établir le chiffre maximum où chacun des établissements contractants pourrait porter son rendement en charbon ou eu fer. De semblables arrangements se sont produits en Angleterre, en France, aux États-Unis, sur d'autres marchandises. Cette nécessité de limiter sur un point déterminé la capacité de rendement de l'activité industrielle a engendré chez les Yankees le mécanisme si ingénieusement compliqué des *trusts*, contre lequel la légalité fédérale aussi bien que celle des États est restée impuissante. Le pétrole a tout récemment presque doublé de prix. On disait d'une part que les puits américains étaient épuisés ou le seraient bientôt : mais on a su d'autre part qu'une convention venait d'être conclue entre tous les propriétaires de puits pétrolifères du Caucase pour réglementer la production, et que le fameux trust américain, *Standard Oil Company*, négociait avec le syndicat russe un arrangement visant le même objet. Le cuivre valait depuis un an 39 livres sterling la tonne, lorsque le seul bruit de négociations engagées entre les compagnies d'Amérique et celles d'Europe pour la fixation d'un maximum de production a suffi pour élever le prix à 44 et 45 livres sterling. L'entente n'a pu aboutir, au moins jusqu'à présent. Si les négociations avaient réussi, quel étrange spectacle que celui de quinze ou vingt puissantes compagnies, exploitant le même article en Espagne, au Chili, au Japon, dans la Vieille-Californie, dans les Montagnes-Rocheuses et sur les rives du lac Supérieur, et s'entendant pour ne pas dépasser, dans leur rendement annuel, un maximum déterminé de production et de vente ! Le prix du coton est tombé si bas, moins de quatre pence (40 centimes) la livre anglaise, il y a deux ou trois mois, que les planteurs américains ne peuvent plus avec cette culture réaliser aucun profit, si même ils ne subissent des pertes, qui menacent de les ruiner en un petit nombre de saisons aussi désastreuses. Le prix s'est légèrement relevé, sur l'annonce que les surfaces cultivées en coton seraient inférieures de 15 à 20 pour 100 en 1895 sur le total de l'année dernière. Les producteurs de coton seront sans doute forcés d'en venir au système du syndicat pour la production réduite. En Europe, on ne voit guère d'autre remède aux pertes qu'a déjà produites la crise sucrière.

L'histoire économique du monde pendant les vingt-cinq dernières années, quelle que soit la denrée dont on s'occupe, redit on effet la même plainte d'une production énorme à des prix qui ne sont plus rémunérateurs. Depuis 1873, le prix du blé américain a été précipité de 143 cents par bushel à 63, l'avoine s'est dépréciée de 56 à 32 cents, l'orge de 82 à 47 ; la valeur des bœufs a fléchi de 35 pour 100, celle des vaches laitières de 40 pour 100. De ce que la terre est sans prix aux États-Unis, et que les déserts y sont maintenant sillonnés de voies ferrées, la compétition pour la fourniture des marchés d'Europe y est devenue gigantesque, et l'agriculture américaine succombe ; écrasée sous le poids de son énorme et trop rapide développement.

Dans ces vastes régions de l'Ouest où la population clairsemée produit infiniment plus qu'elle ne peut consommer, l'avilissement des prix a engendré le fléau de l'hypothèque et assuré une clientèle électorale nombreuse et bruyante aux doctrines économiques fondées sur l'accroissement indéfini du volume de la circulation monétaire par l'extension de l'usage de l'argent, question qui a dominé toute la vie politique aux États-Unis pendant les derniers six mois.

Il est curieux d'observer que la crise agricole serait encore bien autrement grave on Amérique si l'Angleterre, ayant cessé elle-même de produire des céréales en quantité suffisante pour sa consommation, n'offrait un énorme marché à l'excès de production américaine. En 1893 le Royaume-Uni a pris 56 pour 100 de toute l'exportation des États-Unis, achetant à ce pays pour plus de 1 600 millions de francs de denrées alimentaires, de coton et de tabac, et pour plus de 100 millions de francs de bétail vivant.

III

On commence à entrevoir cependant des temps meilleurs pour

les producteurs américains comme pour ceux d'Europe. Dans les deux mondes ont apparu les mêmes signes d'un mouvement de hausse des prix et d'une plus grande activité commerciale. Aux États-Unis, la crise, si intense il y a quelques mois, a perdu de son acuité ; l'exode de l'or, symptôme extérieur du malaise économique, a cessé ; les affaires ont repris une animation de bon aloi ; les prix d'un grand nombre de denrées et de fabrications se sont élevés. Le travail dans les usines est plus actif qu'il n'avait été depuis longtemps ; les ouvriers ont déjà réclamé, dans un grand nombre d'industries, une augmentation de salaire que les employeurs se sont hâtés d'accorder [2].

Dans notre Europe occidentale, mêmes indices, dont on voudrait voir bientôt s'accentuer la signification : des plaintes moins vives et moins universelles sur le niveau non rémunérateur des prix ; une meilleure tenue des cours sur le sucre, la laine [3], et d'autres produits naturels ; l'amélioration du commerce extérieur en France, en Angleterre et en Allemagne, dans les derniers mois, en volume et même en valeur.

Ainsi ce relèvement des prix, que de toute part on sollicitait de la législation, et qu'elle paraissait décidément impuissante à réaliser, semble sur le point de s'opérer spontanément. Il est déjà marqué en ce qui concerne les céréales, et c'est là un point important, les crises passées ayant laissé après elles cet enseignement qu'une reprise de prospérité générale, pour être bien établie, saine, durable, doit commencer au bas de l'échelle économique, par l'amélioration des prix de l'agriculture. Les industriels et les commerçants attendront vainement le réveil des demandes, aussi longtemps que le revirement n'aura pas été salué d'abord par les classes qui tirent du sol les céréales et les matières textiles. Il est peut-être encore un peu tôt pour déclarer que l'heure tant désirée de la reprise a enfin sonné. Les signes sont là, cependant, visibles. Lorsque les Anglais veulent se rendre compte de l'état général des affaires, ils consultent volontiers ce baromètre ingénieux de l'*Index Number*, qui permet de comparer eu bloc les prix d'un grand nombre des denrées dont s'alimentent les marchés internationaux. La série, depuis douze mois, donne la courbe suivante, traduite ; en chiffres qui expriment des ensembles de prix : — en 1891, au 1er avril, 2 021 ; juillet, 1 974 ; octobre, 1 952 ; — en 1895, janvier, 1 923 ;

mars, 1 906 ; avril, 1 921 ; mai, 1 925. Les prix sont tombés au plus bas, d'une manière générale, au commencement de mars de cette année. Il s'est produit ensuite un relèvement au niveau constaté pour les derniers jours de 1894. En juin ce niveau a été quelque peu dépassé.

Il faut encore mentionner les États-Unis et leurs achats considérables en Europe, aussi actifs qu'en 1893 avant la crise, et constituant une sorte de réouverture du marché américain aux produits du vieux monde, pour expliquer l'amélioration survenue, durant les six premiers mois de 1895, dans les résultats de notre commerce extérieur, concordant avec un mou veinent analogue en Angleterre et en Allemagne. Nos importations ont diminué, nos exportations ont augmenté. Nous avons acheté au dehors de moindres quantités d'objets d'alimentation et aussi, ce qui est un symptôme peu satisfaisant, de matières premières nécessaires à l'industrie ; mais le trait le plus encourageant est l'accroissement de quatre-vingt-douze millions de francs dans la valeur des objets fabriqués, vendus par notre industrie à l'étranger, surtout à l'Amérique du Nord. On peut pardonner aux protectionnistes de célébrer un peu pompeusement ce commencement d'essor nouveau de notre commerce d'exportation ; ils en avaient attendu vainement l'occasion depuis l'application de leur tarif, et il faut souhaiter, pour notre industrie nationale que menacent tant d'autres dangers, que la suite justifie ces cris encore prématurés de victoire.

Certes, il est heureux que nos exportations deviennent plus actives, et l'amélioration réalisée mérite d'être signalée ; mais il faut, pour l'apprécier à sa juste valeur, considérer tout le terrain perdu depuis quatre années. Que l'on nous pardonne de présenter ici quelques chiffres qui ont leur éloquence. Nous exportions en Angleterre, en 1890, pour 1 026 millions de francs de nos produits et marchandises fabriquées ; le total est tombé à 1 012 en 1891, à 901 en 1893, à 913 en 1894. Nos exportations en Belgique ont fléchi de 537 millions en 1890 à 478 en 1894. La diminution de valeur de nos envois à l'Italie peut se mesurer par ces deux nombres : 150 millions de francs en 1890, et 98 en 1894. Pour l'Espagne la chute a été, de 181 millions en 1891 à 108 en 1894 ; pour la Suisse, de 243 en 1890 à 130 en 1894 ; pour les États-Unis, de 329 millions en

1890 à 240 en 1892 et à 186 en 1894.

Si nous poursuivions ce parallèle entre le mouvement de nos exportations en 1890 et 1891 et celui de 1894, nous découvririons encore d'autres diminutions considérables : 40 millions pour l'Allemagne, 21 millions pour le Portugal, 27 pour l'Uruguay, 120 pour la République Argentine. Sans doute il est aisé d'objecter à ces différences accablantes qu'elles sont dues pour une bonne part à la baisse des prix, et présentent sous une forme très exagérée ce qu'il peut y avoir eu de réduction dans l'activité de notre commerce d'exportation. Il faudrait, ne cessent de répéter les protectionnistes, comparer non les valeurs, dont la mesure s'est modifiée, mais les volumes, qui offrent un mode bien plus sûr et plus équitable de rapprochement, et l'on se convaincrait que nous n'avons pas décru réellement, que nous exportons autant de marchandises à l'étranger qu'il y a cinq ans, et que, s'il est malheureux que nous les vendions moins cher, c'est une infortune que nous partageons avec tous les pays producteurs. La diminution en volume est assurément moindre que celle en valeurs, c'est tout ce que l'on peut concéder sur ce point. Il reste que nous nous heurtons de toute part à une concurrence industrielle redoutable et que nous ne faisons peut-être pas les efforts nécessaires pour porter nos produits partout où ils pourraient trouver accès [4].

IV

M. Picard, dans le dernier rapport de la commission permanente des valeurs de douane dont il est le président, insistait sur l'intensité du mouvement qui pousse tous les pays à développer chez eux non pas seulement une agriculture, mais aussi une industrie indépendante [5]. « Une grande enquête poursuivie sur ce sujet, disait-il, montrerait les progrès dès maintenant réalisés dans cette direction, non pas seulement chez nos voisins les Allemands, les Belges, les Italiens, les Espagnols, mais en Russie, dans l'Inde, au Japon, en Chine même. Les vieilles nations industrielles de l'Europe sont en train de perdre le marché du monde. C'est une évolution gigantesque, dont les résultats actuels ou à long terme excèdent de beaucoup l'action d'un tarif protecteur. » Les appréhensions qu'inspire aux négociants et aux industriels, en France et dans les autres pays d'Europe, la rapidité de l'évolution industrielle ainsi dénoncée, ont été encore avivées dans ces derniers mois par les événements politiques qui viennent de s'accomplir dans l'Extrême-Orient. Faut-il donc redouter sérieusement que l'immense Empire moscovite et cette énorme Asie, avec leurs richesses naturelles et la simplicité des besoins de leurs peuples, n'inondent l'Europe de produits manufacturés, aussitôt qu'ils auront adopté les procédés perfectionnés que les découvertes modernes ont mis à la disposition de l'industrie ? Un examen sommaire des faits nous apprendra que, si cette crainte est prématurée, elle n'est pas tout à fait chimérique.

Parmi les pays de civilisation jeune, le plus vaste et celui qui possède la plus étonnante puissance de développement économique est la Russie. En une vingtaine d'années, les progrès économiques y ont été énormes. Notre Exposition de 1889 les avait déjà fait apprécier ; celle de Chicago en 1893 les a mis en pleine lumière, et le témoignage en reste dans une publication très belle du gouvernement russe sur les diverses branches où s'exerce cette activité industrielle de date si récente. Après l'étude que la *Revue* consacrait, il y a un mois, à l'organisation financière de cet Empire, nous nous bornerons à quelques indications très sommaires. La principale des industries russes est celle du coton : les fabriques se sont multipliées en telle proportion que la Russie occupe aujourd'hui le premier rang, pour la puissance de production, sur le continent européen. Ces fabriques alimentent les marchés de l'intérieur, et leurs produits vont faire concurrence à ceux de l'Angleterre dans l'Asie centrale, on Perse, même dans l'Extrême-Orient. Les dernières statistiques comptent 107 filatures russes avec 200 000 métiers et 10 millions de broches, fournissant des filés pour 113 millions de roubles par année, et 540 fabriques de tissus.do coton avec un mouvement d'affaires qui excède 140 millions de roubles.

Cette industrie est encore obligée de faire venir du dehors la plus grande partie de sa matière première. Pourtant l'Asie centrale donne dès maintenant 109 millions de kilogrammes de coton, dont 50 environ sont expédiés en Russie ; le reste est employé sur place. Le développement de cette culture dans la région n'est entravé que par le bas prix de vente du produit. Grevé des frais de transport, le colon asiatique ne peut encore lutter à Moscou avec celui des États-Unis, qui vendent à la Russie environ 120 millions de kilogrammes. Le gouvernement russe n'a pas seulement établi un droit d'entrée pour la protection du coton d'Asie, il a pris en outre toute une série d'intelligentes mesures pour une extension rapide de la culture cotonnière, par la multiplication des voies de transport, par l'organisation d'un crédit agricole, par l'amélioration des procédés d'exploitation et l'établissement d'un contrôle rigoureux sur la qualité des produits mis en vente.

Rappelons pour mémoire que la production de la houille, dans les deux grands bassins de la Pologne et du Donetz, atteint aujourd'hui 8 millions de tonnes, ayant à peu près triplé dans l'espace de quinze années, et que l'apparition de cette richesse houillère a provoqué, dans la Russie méridionale, un mouvement industriel où les capitaux étrangers ont pris une part très importante, des capitaux belges notamment. En peu d'années se sont constituées là des entreprises qui paraissent destinées à un brillant avenir et appellent sérieusement l'attention de ceux de nos capitalistes qui estiment que la France a tout intérêt à donner à son alliée les moyens de se fortifier dans toutes les branches de l'activité économique. Les usines nationales donnent aujourd'hui en Russie 71 millions de *ponds* de fonte [6], 30 millions de fer, 30 millions d'acier. Les chemins de fer tirent désormais de ces usines le matériel de toute nature dont ils ont besoin.

Les progrès industriels ont marché parallèlement avec les développements de l'agriculture. Quant au commerce extérieur, il est resté à peu près stationnaire dans les dix dernières années, mais un grand changement s'est produit dans la répartition du total entre les importations et les exportations. A un excédent d'importations de 35 millions de roubles en 1881 a succédé un excédent d'exportations de 151 millions en 1893. Naturellement la Russie n'exporte guère encore que des produits de son sol ; mais le fait que pour les fabrications elle a déjà sensiblement moins besoin de l'étranger qu'il y a une quinzaine d'années ne saurait être considéré comme négligeable pour la production de l'Europe occidentale.

C'est aujourd'hui tout le continent européen, Russie, Allemagne et France, qui bat en brèche le monopole traditionnel de la fabrication du Lancashire. Les filateurs et, tisseurs anglais voient surgir dans toutes les parties du globe des métiers à produire ces filés et ces cotonnades dont seuls, il y a moins d'une génération, ils suffisaient à inonder le monde. Les progrès de la fabrication dans l'Amérique du Nord étaient déjà une menace nouvelle assez effrayante : aujourd'hui les Anglais ont affaire à une compétition toute récente, née, par une singulière ironie des choses, sur une terre britannique, la compétition des manufactures de l'Inde. Mais le phénomène n'intéresse pas seulement le Lancashire, il a une signification économique générale et vaut d'être examiné. Il est très exact, en effet, que la grande industrie, celle qui se sert de moteurs mécaniques, a commencé depuis une dizaine d'années à prendre dans l'Inde une place de quelque importance à côté de la petite industrie manuelle et domestique qui avait jusqu'alors suffi à tous les besoins du marché intérieur.

Cette évolution a été marquée surtout dans les industries textiles, et, parmi celles-ci, pour le jute et le coton. En 1893 l'Inde possédait 141 manufactures pour la filature et le tissage du coton, représentant 28 000 métiers et 3 600 000 broches, consommant 1 170 000 balles de coton et employant 120 000 personnes. Ces établissements appartiennent, pour la plupart, à des compagnies par actions, dont Les titres et l'administration sont entre les mains de capitalistes indigènes. Des princes indépendants, comme les rajahs d'Indore, de Baroda, commanditent des filatures. Ces entreprises sont prospères et donnent des dividendes atteignant en moyenne 10 pour 100. Les principaux débouchés pour leurs produits sont la Chine et le Japon [7], mais en ce dernier pays l'Inde rencontre déjà à son tour la concurrence active, et qui sera victorieuse à bref délai, des filatures locales. Les fabricants de l'Hindoustan vendent surtout leurs cotonnades sur la côte orientale d'Afrique. Avec des filés anglais, plus fins que ceux qu'ils produisent eux-mêmes, et du coton égyptien, ils commencent à aborder le tissage de qualités supérieures [8]. Si les progrès accomplis jusqu'à présent ont ainsi une réelle importance, il convient de ne pas les exagérer, car l'Angleterre possède près de vingt-cinq fois plus de métiers et de quinze fois plus de broches que l'Inde, où, il est vrai, la petite industrie manuelle n'est pas encore sérieusement dépossédée.

Les filatures de jute sont au nombre d'une trentaine, représentant un capital de 30 millions de roupies, occupant 66 000 ouvriers avec

8 700 métiers et 174 000 broches. Le jute étant cultivé spécialement dans le Bengale, les filatures sont presque toutes dans le voisinage de Calcutta et appartiennent en général à des Anglais. Les fils servent à fabriquer surtout les toiles dont sont faits les sacs utilisés dans l'Inde même ou en Australie et aux États-Unis pour l'emballage des grains, de la laine, du coton, du sucre. L'Inde n'a encore que six grandes filatures et deux établissements de tissage de soie, à côté, il est vrai, d'un nombre considérable de petites filatures indigènes, produisant des tissus de qualité inférieure, d'un usage courant dans la population. Il faudrait citer encore cinq manufactures avec 526 métiers pour la transformation de la lai ne en couvertures et uniformes, 55 minoteries produisant près d'un million de quintaux métriques de farine, à peu près autant d'usines pour le nettoyage et le décorticage du riz dans la basse Birmanie, avec un rondement de 12 millions de quintaux métriques ; industrie locale dont les progrès ont déjà amené la disparition à peu près complète de l'industrie du nettoyage du riz en Angleterre et sur le continent européen. Quant aux huileries, au nombre d'une cinquantaine, leur production annuelle n'a pas l'importance de celle que donnent les seules huileries de Marseille.

Quand nous aurons signalé encore un certain nombre de sucreries, de tanneries, de papeteries, de scieries mécaniques, d'usines pour le décorticage du café ou pour la préparation de l'opium et du thé, de manufactures de cigares, d'indigoteries, nous aurons à peu près épuisé la liste des établissements représentant la grande industrie et qui sont nés ou se sont développés dans l'Inde au cours des douze ou quinze dernières années. Il serait injuste d'oublier l'exploitation houillère, presque toute concentrée dans le Bengale, où se trouvent 73 concessions sur les 82 qui existent dans l'Hindoustan, produisant déjà plus de deux millions de tonnes d'un charbon en général de qualité inférieure, mais dont se contentent les établissements industriels et les chemins de fer. Les ports de la côte occidentale, Kurrachee et Bombay, absorbent au contraire chaque année 800 000 tonnes environ de houille britannique importée. L'industrie métallurgique, avec 55 fonderies, dont le plus grand nombre n'ont qu'une médiocre importance, est encore dans l'enfance.

Le manufacturier indien a sur son concurrent anglais des avantages qui ne sauraient être contestés, et, en premier lieu, le bas prix de la main-d'œuvre. Là, toutefois, il faut s'entendre. L'insignifiance du salaire, 13 à 14 roupies par mois à Bombay pour les hommes, 7 à 8 pour les femmes, 6 pour les enfants[9], est compensée par quelques inconvénients : l'influence du climat, la paresse naturelle qu'il entraîne, une moindre aptitude et une moindre force pour le travail, résultant de la médiocrité de la nourriture, des absences fréquentes et prolongées. Si les ouvriers Hindous sont moins payés que les ouvriers anglais, on est obligé d'employer les premiers en nombre plus considérable que les seconds pour un même travail. M. Brenier, à qui on doit une étude curieuse et très fouillée sur les progrès de la grande industrie dans l'Hindous tan, estime qu'une même filature de 30 000 broches exigerait 750 ouvriers à Bombay et 120 seulement dans le Lancashire. Il n'en reste pas moins que le rapport du salaire au prix de revient est de 25 pour 100 seulement dans l'Inde, tandis qu'en Angleterre il atteint, en moyenne et pour l'ensemble des industries, 32 pour 100.

Le manufacturier indien a encore pour lui le prix de transport des produits anglais qui, si bas qu'il puisse descendre, représente toujours un certain avantage, surtout pour le coton et le jute, dont l'Inde est productrice. Il faut dire que cet avantage est en partie annulé par les frais de transport que doit acquitter à son tour le fabricant indigène pour son outillage et son combustible. Le régime douanier n'a eu qu'une minime influence sur le développement de la grande industrie moderne dans l'Inde. Un traitement de faveur, accordé d'abord aux produits de Manchester, n'a pas empêché l'essor des filatures et tissages à Bombay. A partir de 1882 les rares droits d'entrée qui subsistaient sur les cotonnades furent supprimés ; il ne resta de droits de douane dans la péninsule que sur les armes à feu, les spiritueux, le sucre, le pétrole, quelques autres articles. Lorsque la baisse du change eut introduit le déficit dans les budgets indiens, le gouvernement métropolitain, sans tenir compte des protestations des autorités locales, établit un droit d'entrée uniforme de 5 pour 100 sur toutes les marchandises importées dans l'Inde, les cotonnades de Manchester seules exceptées. Il est aisé de comprendre quelles colères causa cette exception, qui a depuis été supprimée, et combien peu le manufacturier indigène devait être disposé à accepter le principe de ce traitement différentiel en faveur de son concurrent du Lancashire.

La mesure avait d'ailleurs encore un autre objet, qui était de protéger ces industriels indigènes eux-mêmes contre la concurrence des produits sino-japonais, favorisée par la fermeture des hôtels de monnaie dans l'Inde à la frappe de l'argent. En effet, un change s'étant dès lors établi entre le taux officiel de la roupie indienne et la monnaie d'argent chinoise, japonaise et mexicaine, l'Inde se trouva à l'égard de ces pays à étalon d'argent dans la situation d'une nation à circulation monétaire au pair de l'or. Les articles principaux de sa production, filés de coton, opium, riz, etc., furent atteints sur son propre territoire par une baisse proportionnelle à la baisse du tael et du yen, par où les exportations indiennes vers les pays usant de ces monnaies se trouvèrent sérieusement entravées, et les importations de ces mêmes pays, au contraire, facilitées.

D'une manière générale la production annuelle de l'Angleterre en articles de coton a diminué de 102 millions de livres sterling en 1873 à 89 millions en 1893, et les importations anglaises de tissus en pièces et de filés dans l'Hindoustan, ont sensiblement diminué dans les cinq dernières années. Un ancien conseiller à la cour de Pondichéry, M. Barbé, dit, dans une étude sur la progression des industries asiatiques en 1891 : « En d'autres temps, on se fût délecté fort, parmi nous, à cet étrange spectacle de la gigantesque colonie anglaise en train de conquérir les marchés de sa métropole et de porter un coup droit aux travailleurs de Manchester. Aujourd'hui la race blanche tout entière est solidaire contre l'Asie, et je conseille fort à nos rieurs d'attendre quelques années avant de prendre parti. Somme toute, nous faisons en Indo-Chine ce que l'Angleterre a fait dans l'Inde ; seulement l'heure des résultats n'est pas encore arrivée. Quand elle aura sonné à Hanoï et à Canton, comme elle l'a déjà fait à Bombay et à Osaka, ce sera le vrai moment de parler, chez nous, de la question sociale. L'Asie en est seulement à ses premières menaces. »

V

Les progrès ont été plus rapides au Japon que dans l'Inde. On savait déjà que les Japonais devenaient un grand peuple industriel, alors qu'on ne soupçonnait pas qu'ils allaient se révéler comme puissance militaire et maritime de premier ordre. Ils avaient depuis longtemps étonné l'Europe par leur merveilleuse aptitude à comprendre et à s'assimiler toutes les manifestations de l'activité civilisatrice de l'ancien monde. Tous les rapports récents des consuls étrangers au Japon signalent les étapes successives du progrès industriel accompli ou en voie de réalisation. Actuellement plus de cinquante filatures de coton sont établies dans le voisinage d'Osaka et de Kioto, comptant près de 800 000 broches et représentant un capital, entièrement indigène de 20 millions de piastres, produisant en 1894 un demi-million de balles de filés d'une valeur brute de 100 millions de francs. C'est par bonds énormes, disent les documents consulaires, que ce mouvement s'est développé [10]. Il est probable qu'après avoir anéanti le prestige militaire de la Chine, le Japon va travailler à faire la conquête économique de cet immense empire. Il y a là un marché de 400 millions d'êtres humains, qu'il compte bien gagner peu à peu à ses produits. L'île de Nippon, cette Grande-Bretagne du Pacifique, a des côtes admirablement découpées, des ports vastes et sûrs, de nombreux cours d'eau, des routes. Elle possède le charbon, la matière première par excellence. Sa houille fait concurrence sur la place de Singapore à celle de l'Angleterre. Les gîtes actuellement exploités donnent 2 millions de tonnes par an, et en contiennent, d'après des évaluations résultant d'études sérieuses, près d'un milliard. Le soi a d'autres richesses, du cuivre, de l'or, de l'argent, du plomb, de l'étain, des réserves colossales de minerai de fer. L'art métallurgique est pourtant encore rudimentaire en ce pays, l'extraction du minerai n'ayant pas dépassé jusqu'ici 16 000 tonnes pour une année.

Les Japonais se sont pris d'un engouement très vif pour les constructions de chemins de fer. Dans la seule année 1893, le gouvernement a concédé à diverses compagnies une dizaine de lignes, comptant ensemble 1 500 kilomètres. Les rails et les locomotives ont été jusqu'à présent achetés à l'étranger. Pour les wagons, il n'est venu du dehors que les essieux et les roues. On a commencé, en 1894, à construire des locomotives. Dans les arsenaux appartenant à l'État ou à des compagnies particulières, on fabrique des chaudières pouvant développer jusqu'à 1 000 chevaux. Le dock de Nagasaki a construit et lancé l'an dernier un navire à vapeur en fer de 1 750 tonneaux, le plus grand bâtiment de commerce sorti d'un chantier japonais [11]. En 1868, le Japon exportait pour 16 millions de yens et importait pour 11 millions. Le *yen*, monnaie nationale japonaise, en argent, avait à cette époque, au pair de l'or, une valeur de 5 fr. 17, le métal blanc n'ayant encore subi aucune dépréciation. Aujourd'hui le yen perd près de 50 pour 100 au change, et ne vaut plus en or que 2 fr. 75 à 3 francs dans les transactions avec les pays à étalon d'or [12] ; mais le Japon a exporté en 1894 pour 113 millions de yens et importé pour 117 millions. Tout compte tenu de la dépréciation de la monnaie, qui, pour une même quantité, fait ressortir une valeur plus grande [13], il reste un développement considérable du commerce extérieur. La valeur totale des échanges, qui n'était encore que de 142 millions de yens en 1891, a été de 160 en 1892, de 178 en 1893, de 230 enfin en 1894, soit, à 2 fr. 80 le yen, une valeur de 645 millions de francs contre 146 millions il y a moins de trente ans.

Aux exportations l'accroissement a porté sur la soie brute (39 millions de yens au lieu de 28), sur les pièces de soie (7,2 au lieu de 3,5), sur le charbon (6,5 au lieu de 5). L'élévation du prix de la houille a compensé largement les pertes résultant des entraves opposées aux transports par l'état de guerre. La marine japonaise, les chemins de fer ont fait dans la seconde moitié de 1894 une consommation considérable de combustible. La baisse de l'argent a permis, en outre, malgré la cherté du fret, d'expédier des quantités importantes de houille en Chine même (338 000 tonnes), à Hongkong (400 000 tonnes), aux Philippines (50 000), dans l'Inde anglaise (164 000). Nos charbons du Tonkin pourront difficilement lutter contre la concurrence du charbon japonais.

Les Japonais importent encore, de la Chine principalement, les sucres roux, dont la consommation, chez eux, ne cesse de se développer ; mais ils font déjà des essais sérieux de culture de la canne à sucre dans le Hokkaido et dans les îles Liou-Kiou. Ils achètent aussi leur laine à. l'étranger, l'élevage du mouton n'ayant pu réussir après vingt années de patientes tentatives. C'est ainsi que l'article principal d'importation de la France au Japon est la mousseline de laine, spécialité dont nos fabricants ont vendu aux Japonais, en 1894, pour 3 millions de yens, tandis que nous leur achetons chaque année pour près de 20 millions de yens de soie brute. Encore ces mousselines de laine, dont nous avons en quelque sorte le monopole, sont-elles expédiées pour la plus grande partie en écru. Elles sont teintes par l'industrie indigène, qui dispose d'un outillage encore très grossier, mais n'a que des frais généraux insignifiants, avec une main-d'œuvre très bon marché.

Ce peuple, après avoir recueilli si avidement les leçons des Occidentaux, tend à se passer de plus en plus du concours de l'étranger. Le Chinois, vaincu, est obligé, pour payer la rançon de son territoire, d'emprunter à l'Europe, sous le couvert de la garantie de la Russie. Le Japon, vainqueur, a fait face à tous les frais de la guerre avec ses seules ressources nationales, réserve du Trésor et emprunts publics [14], et cependant, à la fin de la campagne, les dépenses s'élevaient à près de 3 millions de francs par jour.

Dans son rapport pour 1893, le vice-consul de France à Kobé, M. de Lucy-Fossarieu, signale les efforts que font les Japonais pour s'affranchir, au Japon même, de l'intermédiaire des importateurs étrangers et pour se créer directement de nouveaux débouchés. Leurs missions commerciales parcourent l'Australie, les Philippines, le Siam, les îles du Pacifique. A Singapore, la baisse de l'argent leur permet de mettre en vente des produits similaires aux produits européens à des prix que ceux-ci ne peuvent supporter, et la presse anglaise locale prévoit une révolution dans le commerce de cette région. L'énumération des articles très variés de cette exportation, qui atteint déjà une valeur de plus de 10 millions de yens, est curieuse : les allumettes japonaises remplacent déjà presque partout, sur les marchés chinois, les allumettes suédoises ou viennoises ; sont aussi très demandés, provenance du Japon, les parapluies en alpaga ou coton, les boutons de métal, « nattes, verreries, tresses de paille, savons, papiers de tenture et autres, fils de cuivre et de laiton, tapis, caleçons, gilets, gants, chaussettes de coton, chapeaux, chaussures, vêtements européens, cigarettes, lampes, pendules, montres, valises, sacs de voyage, tant d'autres objets qui, à cause de leur peu d'importance, ne figurent pas nominativement sur les tableaux de la douane. » Kobé, d'où écrit M. de Lucy-Fossarieu, à une importance commerciale, comme port d'exportation, qui ne le cède à celle de Yokohama que parce que le commerce des soies est presque entièrement concentré dans la région de ce dernier port. Kobé et la ville voisine, Osaka, sont en même temps le grand contre de l'industrie cotonnière.

On trouve encore un nouveau témoignage des progrès économiques incessants des pays orientaux dans les chiffres du commerce extérieur de la Chine en 1894, portés récemment à la connaissance du public par le rapport annuel de l'administration des douanes chinoises, placée, on le sait, sous la direction d'un état-major de fonctionnaires britanniques. En dépit des circonstances les plus défavorables, longue sécheresse dans les provinces du sud, épidémies à Canton et à Hongkong, quarantaines rigoureuses inondations dans le nord, enfin guerre avec le Japon, le volume et la valeur des transactions de la Chine avec l'étranger présentent, pour 1894, une augmentation très importante. Les importations nettes se sont élevées à 162 millions de taels haïkwan (taels des douanes-maritimes), contre 151 millions en 1893 et 135 millions en 1892, et les exportations à 128 millions contre 117 et 102 dans les deux années précédentes. Les exportations ont été stimulées par la dépréciation du tael, évalué en or [15]. On a aussi remarqué que nombre d'articles chinois (en dehors du thé, de la soie et du coton), qui, auparavant, ne quittaient point le pays, trouvent aujourd'hui un marché au dehors. Il n'y a pas à parler, à propos de la Chine, d'un mouvement industriel proprement dit, mais il n'est pas sans intérêt de signaler, comme point de départ, d'après M. Jamieson, consul anglais à Shanghaï, l'établissement près de cette ville, en 1893, de trois grandes filatures de coton et de quelques autres plus petites dans les environs, avec 150 000 à 200 000 broches ; entreprises purement indigènes, où aucun Européen n'est intéressé. L'ouvrier chinois se contente d'un salaire quotidien de 30 à 50 centimes par jour. Avec une main-d'œuvre aussi peu coûteuse, un déplacement graduel d'Occident en Orient du siège de toutes les grandes industries n'est plus une conception chimérique. Le Japon nous a appris avec quelle facilité les nations orientales peuvent acquérir l'outillage mécanique des peuples européens et l'instruction nécessaire pour le mettre en œuvre.

VI

Ces faits sont aujourd'hui connus dans tout le monde industriel et commercial ; la presse les a signalés à l'attention des indifférents ; ses commentaires ont dénoncé le péril à ceux qui affectaient de ne pouvoir comprendre. Ils éclairent puissamment la crise économique et permettent de ramener à leur valeur proportionnelle les explications exactes, mais trop exclusives, que les économistes de doctrine en veulent donner, la dépréciation de l'argent par exemple ou l'abus du protectionnisme. Ces causes ont eu leur action partielle, mais il en est d'autres plus profondes, comme le disait il y a un mois un membre du gouvernement à la Chambre de commerce de Nantes, et qui sont d'une nature telle, que le commerce et l'industrie devront se soumettre à une véritable révolution dans leur production et dans leur façon d'écouler leurs produits au dehors. M. André Lebon a montré que des places entières, qui étaient des marchés d'exportation pour nos produits, deviennent des marchés de production : « Il y a cette immense République américaine qui se suffit désormais à elle-même et devient un pays exportateur. Il y a là-bas, en Extrême-Orient, un pays déjà avancé en civilisation, le Japon, qui, grâce aux conditions de sa main-d'œuvre, avant dix ans se suffira complètement à lui-même et deviendra exportateur. Il y a partout une modification profonde dans les conditions de la production économique. La situation exceptionnelle dont nous jouissions autrefois n'existe plus. » Le ministre du commerce a donné à ses auditeurs des conseils judicieux, comme de démocratiser notre industrie, restée la plus aristocratique du monde, ce qui s'entend pour la nature et la qualité des produits ; comme aussi de varier ses modèles, de créer des types plus conformes au goût des clients étrangers ; d'aller solliciter les acheteurs sur leur propre marché, plutôt que d'attendre d'être sollicité par eux ; enfin de déployer plus d'activité qu'il n'était nécessaire au bon vieux temps : « Si votre initiative ne vient pas seconder la nôtre, a dit M. Lebon en terminant, si vous ne voulez pas renoncer à certaines habitudes et à la tranquillité qu'elles vous assuraient, pour poursuivre la lutte économique sur les marchés étrangers que l'âpreté et la ténacité qu'y apportent nos concurrents tendent à vous fermer, ce n'est pas la peine de faire de grands travaux, de créer des voies, de creuser des ports, de modifier les tarifs, de donner des subventions, de remuer nos consuls : l'industrie ne sortira pas de l'état d'immobilité où elle est aujourd'hui. »

Quoi qu'en dise M. Lebon, la dénonciation des traités de Commerce, en bouleversant les relations avec l'étranger, en stimulant l'activité industrielle de nos concurrents, a eu malheureusement sa grande part dans l'intensité qu'a prise, en ce qui concerne notre industrie, la crise générale. Nos remaniements de tarifs ont créé une instabilité qui paralysait tout progrès, et nous avons spontanément suscité des concurrences dangereuses chez nos propres voisins, à nos portes, en Espagne, en Italie, en Suisse. Que, d'autre part, la dépréciation de l'argent soit une des causes actives des misères de l'industrie comme des souffrances de l'agriculture, on ne saurait le contester raisonnablement : les monnaies frappées en argent dans les pays orientaux subissant un agio par rapport à l'or, les acheteurs extra-européens n'ont plus une monnaie assez bonne pour payer pour nos produits le prix auquel est forcé de les vendre le fabricant anglais, français ou allemand. Ils se contentent des produits locaux, dont la fabrication se trouve par là favorisée. Si Manchester se montre infidèle à l'étalon d'or et demande qu'une entente des principaux pays du globe restitue à l'argent son ancienne force libératoire, c'est qu'il lui faut défendre sa production contre la concurrence des manufactures établies à Bombay, en Chine et au Japon. Les considérations théoriques de doctrine n'ont rien à voir dans sa détermination.

Mais voici que l'argent lui-même, sans attendre de problématiques interventions gouvernementales, au lieu de continuer à baisser comme il le faisait depuis si longtemps, a commencé de remonter : de 27 *pence*, le plus bas cours où il fût descendu, il a déjà repris à 30 ou 31, niveau actuel. La spéculation, malheureusement, est sans doute le principal agent de cette reprise. En Amérique et à Londres on a escompté, par des achats de prévision dans les bas cours, non seulement la réunion éventuelle d'une conférence monétaire internationale, mais aussi et surtout les demandes considérables de métal blanc pour l'Extrême-Orient que pourrait susciter la signature de la paix entre le Japon et la Chine.

N'est-il pas dans les possibilités de l'avenir, cependant, que, l'argent se relevant peu à peu de sa longue dépréciation et l'or devenant d'une abondance extrême par suite d'un développement colossal de la production au Transvaal et en Australie, on ne voie un jour se résoudre d'elle-même, sans lois ni conventions, cette question monétaire où se brise, impuissante, la prétendue science des économistes ? On est encore très loin de l'état de choses qui permettrait d'entrevoir la réalisation d'une telle éventualité. Si toutefois les mines d'or de l'Afrique du Sud et de l'Australie, sans parler des filons des Montagnes-Rocheuses, de l'Oural et de la Sibérie occidentale, tiennent les promesses que font actuellement en leur nom ingénieurs et géologues, il sera plus fait par là pour la réhabilitation de l'argent que par les efforts surhumains où se dépensent les bimétallistes des deux mondes.

Ce serait donc au Transvaal que le monde civilisé pourrait devoir l'unique commencement pratique de solution que comporte probablement la question monétaire. La raréfaction de l'or a fait la baisse des prix et la dépréciation de l'argent. Les mines de l'Afrique australe vont ramener, avec l'abondance de l'or, la hausse des prix et le relèvement de l'argent fin.

La production d'or du monde entier était tombée à 30 millions de francs par an en 1830, elle était de 150 millions à la veille de la découverte des placers de la Californie et de l'Australie. Quatre ans plus tard elle atteignait, par un bond gigantesque, le chiffre de 750 millions. Il était évident, par la nature même des gisements exploités, que ce rendement considérable serait de courte durée ; et en effet la production a diminué continuellement depuis 1853 jusqu'en 1883-1886, période pendant laquelle elle ne dépassait plus 500 millions annuellement.

De 1887 à 1894 un revirement s'est produit, et déjà l'augmentation est énorme. En 1890 la production totale atteignit 615 millions ; elle s'élevait à 805 millions en 1893, et l'on sait à peu près sûrement qu'elle a dépassé 875 millions en 1894, si même elle n'a atteint 900 millions.

L'ingénieur Hamilton Smith, qui a été l'un des principaux metteurs en œuvre des énormes richesses aurifères du sol transvaalien, estime que la production du monde entier dépassera un milliard de francs en 1897. Sur ce total le Transvaal aura fourni 250 millions ; le reste du monde, 750 millions. Cet accroissement sera-t-il de courte durée, comme l'a été la prodigieuse augmentation due à l'exploitation des mines californiennes et australiennes au milieu du siècle ? Il est presque certain, répondent avec M. Hamilton Smith d'autres autorités d'une grande compétence, que la production d'or à raison d'un milliard par an se maintiendra pendant une assez longue série d'années. Quant au Transvaal, sa production maximum annuelle, atteinte peut-être vers 1900, serait d'environ 300 millions de francs.

Les raisons que donnent les experts de cette confiance dans la durée du rendement, au moins en ce qui concerne le Transvaal, sont tirées de l'examen des développements miniers effectués en ce pays pendant les deux dernières années. Il est acquis que les conditions géologiques dans lesquelles l'or apparaît au Transvaal sont tout à fait différentes de celles qui distinguent la plupart des mines aurifères dans le reste du monde, le caractère essentiel des gisements transvaaliens étant la continuité régulière des couches du minerai et la stabilité de leur teneur en or.

On n'ignore pas que cette teneur est généralement faible, très inférieure, dans le plus grand nombre des exploitations, à une once d'or par tonne de minerai, et que le traitement ne serait presque en aucun point fructueux, si l'on ne disposait d'une machinerie puissante, portée au dernier degré de perfectionnement, et ayant absorbé d'énormes capitaux. C'est la qualité et l'efficacité exceptionnelles de cet outillage qui permettent de tirer parti au Transvaal d'éléments minéralisés qui, en d'autres pays et dans les conditions habituelles d'exploitation, eussent dû être abandonnés comme stériles.

VII

Quelles modifications l'inondation d'or dont nous menace le Transvaal apportera-t-elle dans la situation économique des États européens ? Les encaisses des grandes banques d'Angleterre, de France et d'Allemagne regorgent déjà de richesses métalliques, représentées, il est vrai, dans la circulation par du papier qui ne fait point double emploi avec ces masses d'or, ce que l'on perd quelquefois de vue lorsque l'on s'étonne de voir 1 700 millions de francs en métal jaune dormir, prétendument improductifs, dans les caves de la Banque de France. Il est évident que la monnaie surabonde déjà sous toutes ses formes, que l'excès en serait bien plus sensible encore si les bimétallistes parvenaient à obtenir la réhabilitation monétaire du métal blanc, et que, dans quelques années, à l'aurore du siècle prochain peut-être, le déluge grandissant de la monnaie aura produit des effets dont on ne peut même avoir raisonnablement l'idée dès aujourd'hui. L'intérêt de l'argent ira toujours en s abaissant : il n'est déjà plus de 3 pour 100 pour les valeurs qui servent de baromètre financier ; il descendra à 2 3/4 et à 2 1/2. Déjà le Crédit foncier a émis des obligations à 2,80 pour 100, et la ville de Paris des obligations à 2 1/2 pour 100. Ce sont des titres à lots ; mais dans un temps donné les grandes compagnies de chemins de fer convertiront leurs obligations actuelles 3 pour 100 en titres ne rapportant plus que 2 1/2 sans lots ou adopteront ce type pour leurs émissions nouvelles, comme va le faire prochainement l'une d'elles, la Compagnie d'Orléans. L'État lui-même émettra de la rente à ce taux, et y ramènera par une grande opération les quinze milliards de sa dette pour lesquels il paie encore 3 pour 100. Ainsi se continuera ce mouvement étrange dont les consolidés anglais indiquent déjà les prochaines étapes par leur cote aristocratique de 107 pour 100 pour un revenu de 2 3/4 pour 100, destiné à tomber automatiquement, dans un petit nombre d'années, à 2 1/2.

Les conséquences sociales du mouvement qui abaissera ainsi le taux de l'intérêt jusqu'à 2 pour 100 un jour, peut-être plus bas encore, sont incalculables. Elles peuvent se résumer cependant en une tendance caractéristique : savoir que, contrairement à ce que l'on a vu se produire en certains pays civilisés et à différentes époques, les riches désormais deviendront de moins en moins riches, et les pauvres de moins en moins pauvres, et que la nécessité du travail sera plus que jamais la loi du monde et la condition initiale de la fortune.

Plus près du temps présent, dans les six mois écoulés de l'année 1895, la perspective des richesses que réserve le Transvaal à ceux qui ont su prévoir, agir et se donner de la peine, a réveillé de sa torpeur, il semble au moins, l'esprit d'entreprise. On ne rêve plus seulement de mines d'or, mais d'une exploitation en règle des mondes nouveaux. Les étonnantes choses accomplies dans l'Afrique méridionale par un homme d'énergie, M. Cecil Rhodes, les exploits, moins éclatants mais tout aussi merveilleux, de plusieurs de nos explorateurs, l'attente enfin des nouveautés que fera surgir le succès de notre expédition de Madagascar, préparent de grands changements dans nos habitudes économiques, et ouvrent des vues inattendues à notre activité industrielle, actuellement encore si languissante.

VIII

La réalisation de ces rêves est-elle possible avec le maintien rigoureux du tarif douanier dont l'établissement a coïncidé avec le commencement de la période néfaste pour notre commerce extérieur ? Nous sommes à un tournant ; il faut nous résigner à voir notre part un peu plus réduite chaque année sur les grands marchés internationaux, ou bien un effort énergique nous rouvrira sans retard des débouchés qui se fermaient et percera des voies nouvelles, où passeront nos produits. C'est en la considérant sous cet aspect que l'on aperçoit toute la portée de l'approbation donnée par les Chambres presque à l'unanimité, dans les derniers jours de la session, à la convention qui rétablit entre la France et la Suisse les anciennes relations amicales de commerce, si malencontreusement rompues il y a trois ans.

Les résultats de cette rupture ont été maintes fois exposés au public français. Nous les avons présentés l'an dernier, et il y a quelques mois encore, aux lecteurs de la *Revue*. Nos exportations en Suisse avaient fléchi de plus de 50 millions de francs ; les ventes de la Suisse en France présentaient une diminution beaucoup moins forte. Nous payions les frais de cette lutte de tarifs, dont nos régions de l'Est avaient particulièrement à souffrir. De plus, les sympathies qui avaient existé de tout temps entre les deux nations, s'atténuaient au point de faire place à une indifférence déjà hostile. Nos voisins ne se gênaient guère pour déclarer à qui voulait l'entendre qu'ils étaient résolus à développer leurs industries à outrance pour nous faire pièce, et que, pour les produits qu'ils ne pourraient fabriquer eux-mêmes, ils n'avaient que l'embarras du choix entre les offres de l'Allemagne, de l'Autriche, de la Belgique et de l'Italie.

Une association s'était cependant formée des deux côtés du Jura pour la recherche des moyens les plus propres à amener une réconciliation commerciale entre nos voisins et nous. Les membres français de cette Union franco-suisse ont peut-être oublié parfois, dans leur ardent désir de réussir, que tous les torts n'étaient pas de notre côté, que la Suisse avait bien eu les siens, et qu'il ne fallait pas rendre seuls les auteurs du tarif de 1891 responsables de la rupture et de ses suites. Mais ces points n'ont plus qu'un intérêt rétrospectif assez secondaire. Le prédécesseur de M. Lebon au ministère du commerce, M. Lourties, avait très sagement défini la façon dont il fallait ouvrir les négociations : « Je suis d'avis de rentrer en conversation avec les Suisses, afin de savoir si réellement ils sont disposés à faire les concessions réciproques nécessaires pour aboutir à une entente… Il ne faut pas nous mettre dans le cas de subir un refus. »

Ce que M. Lourties avait commencé, MM. Lebon et Mano-taux l'ont achevé, bien secondés en cette négociation par M. Barrère, notre ambassadeur à Berne. L'affaire a été menée discrètement, avec une véritable entente des intérêts à ménager des deux parts, et, lorsque subitement on apprit, en juin, que les deux gouvernements s'étaient mis d'accord, ce que l'on connut d'abord des conditions de l'entente permit de conclure à la certitude du succès auprès de l'opinion et du Parlement.

La convention nouvelle diffère de celle de 1892 en trois points essentiels : le nombre des articles sur lesquels portent les réductions consenties sur le tarif minimum français, l'importance de ces réductions, et leur répercussion vis-à-vis des pays autres que la Suisse. En 1892, soixante-deux articles du tarif minimum français étaient remaniés : la convention n'en touche que trente. Les réductions consenties sont inférieures à celles de 1892. Elles imposent un moindre sacrifice à celles de nos industries qui vont subir une diminution de protection. Nos négociateurs enfin se sont efforcés de ne faire porteries concessions que sur des articles de production suisse (fromages, montres, broderies, etc.), afin d'éviter que, par l'effet de la clause de la nation la plus favorisée, les importations d'autres pays ne fussent indûment admises au bénéfice des mêmes réductions. On ne peut oublier le fameux article 11 du traité de Francfort : les réductions ne portent point sur des articles que l'Allemagne peut produire à un prix aussi bas que la Suisse.

Donc c'est fait ; les deux pays appliqueront désormais aux produits l'un de l'autre leur tarif minimum, moyennant que du côté de la France ce tarif présente des atténuations sur trente articles déterminés. On sait que la convention de 1892 n'avait été rejetée par la Chambre que parce qu'elle consentait sur trop de points, et surtout de points touchant l'agriculture, ce genre d'atténuation. Le gouvernement français ne s'est heureusement pas cantonné cette année plus qu'il y a trois ans sur le terrain de la défense du tarif minimum jusqu'à expérience complète, comme on le lui conseillait volontiers de certains côtés. L'opinion publique n'aurait pas approuvé cette attitude, les protectionnistes sages ont été les premiers à le comprendre. On a vu M. Méline lui-même accepter la mission de rapporteur du projet sur la convention franco-suisse et rédiger un rapport favorable. Il a donné, dans son journal, des raisons assez plausibles de son adhésion : « Les taxes nouvelles qui figurent dans l'accord ne sont pas consolidées : nous conservons le droit de les modifier, de les relever le jour où il serait démontré par l'expérience qu'elles sont insuffisantes… Nous restons maîtres de nos tarifs, et c'est là le point capital, car il est la clef de voûte de notre régime économique tout entier. Le gouvernement français a rigoureusement respecté sur ce point les volontés formelles du Parlement ; il n'a pas opéré d'autorité les réductions qu'il acceptait ; il n'a pris qu'un engagement, celui de déposer sur le bureau de la Chambre un projet de loi tendant à certaines diminutions sur notre tarif minimum et de le soutenir ; le Parlement statuera ensuite dans sa liberté et sa souveraineté, et prendra la décision qui lui paraîtra la plus conforme à l'intérêt du pays. »

Le Parlement a statué. Il lui a paru que la décision la plus conforme aux intérêts du pays était une approbation complète de la convention. Quelques libre-échangistes ont célébré ce vote comme le 9 thermidor de la « Terreur » protectionniste. Ces exagérations font sourire. L'Union franco-suisse, qui a été à la peine, a eu le bon goût d'être modérée dans sa joie, de n'avoir pas le triomphe insolent. Quant aux protectionnistes, ils ont pris la chose si habilement qu'ils semblent aujourd'hui avoir eu leur part dans la victoire.

M. Méline a trouvé une nouvelle formule assez heureuse, et qui mérite de faire fortune, si elle représente une pensée politique sérieuse : « La défense du marché intérieur, dit-il, n'est pas inconciliable avec notre expansion au dehors. » A quoi bon rappeler que M. Prudhomme a parlé d'un sabre servant à défendre les institutions et au besoin à les combattre ? Si le protectionnisme parvient à établir qu'il est encore le plus sûr moyen d'ouvrir à nos industries des débouchés extérieurs, faisons-nous tous protectionnistes.

Il y a cependant des intransigeants dans le parti, et qui accusent leur chef de trahison. Ils n'ont pas tout à fait tort, à leur point de vue, de déplorer ce qui vient d'être fait. On avait voulu en 1891 établir la fixité de la tarification. Derrière la barrière inflexible du tarif minimum, nos industries devaient renouveler leur outillage, perfectionner leurs procédés, redevenir prospères. Il y avait chose jurée : quoi qu'il arrivât, il ne fallait plus toucher au tarif.

Et voilà que le constructeur même de l'œuvre aide à pratiquer une brèche dans la muraille de 1891. À qui se fier désormais ? On admirera d'ailleurs la façon dont M. Méline explique son cas, assez embarrassant à vrai dire. Il démontre comment, en abattant une partie du mur, il rend un pieux hommage à l'esprit qui l'avait fait élever, et comment, en démolissant sur un point, il fortifie l'ensemble. M. Ribot a remercié M. Méline du concours qu'il avait, en cette affaire, donné au gouvernement. S'il y avait quelque ironie dans le remercîment, M. Méline a pu y trouver surtout un certificat donné à son patriotisme, et aussi une fiche de consolation, puisque M. Ribot a déclaré, en même temps, que la convention n'était pas une mesure libre-échangiste, qu'on aurait tort d'y voir une rupture avec le système économique adopté par la Chambre précédente. Tout de même la preuve a été faite qu'il peut être politique de toucher à l'arche sainte du tarif minimum, et qu'au besoin les protectionnistes eux-mêmes sont gens à prêter la main à l'accomplissement du sacrilège.

Notes

1.   M. de Dampierre, président de la Société des agriculteurs de France, a adressé aux syndicats agricoles une circulaire les invitant à l'aire signer dans leur circonscription une pétition pour l'établissement d'un droit gradué sur les blés étrangers. Il rappelle que la Société, dans sa séance du 15 février dernier, a émis les vœux suivants : « 1° Qu'il soit établi, à l'entrée des blés étrangers, un droit de douane gradué qui, partant de zéro quand le cours

moyen des marchés français serait de 30 francs le quintal, s'élèverait automatiquement centime par centime, inversement au cours moyen de nos marchés, à mesure que ce cours moyen descendrait au-dessous de 30 francs ; 2° que le projet de loi du cadenas soit volé et appliqué dans le plus bref délai possible, et notamment avant toute modification au régime douanier actuel. »

La circulaire se termine ainsi : « La crise aiguë et persistante que subit l'agriculture, et le prix ruineux auquel est tombé le blé, malgré le vote du droit de 7 francs, m'a dispensent d'insister sur l'urgente nécessité des mesures indiquées dans le vœu ci-dessus et dont les cultivateurs ont déjà, de toutes parts, réclamé l'adoption. Il importe de rendre efficace la protection que les pouvoirs publics ont entendu accorder à la première de nos cultures. Sa disparition, ou même sa réduction consommerait, en effet, la ruine de l'agriculture, précipiterait la dépopulation des campagnes, et serait, pour la France entière, un véritable désastre national. »

2.　　　Les correspondances de ce pays annoncent que les perspectives d'activité ont développé une animation inaccoutumée dans les grandes villes industrielles, Philadelphie, Pittsburg, Cincinnati, Chicago, et dans les centres commerciaux, depuis New-York jusqu'à Kansas City. Les prix du fer et de l'acier ayant légèrement augmenté, cinquante mille ouvriers en Pennsylvanie ont demandé et obtenu des élévations de salaires. Les blés de printemps donnent de belles apparences dans la région de l'Iowa, du Minnesota, du Nebraska, des deux Dakota. La Compagnie de navigation du Pacifique septentrional (Takoma-Yokohama-Hongkong) a dû augmenter le nombre de ses paquebots. On signale la hausse du fret, et celle du prix des sacs à blé sur la côte du Pacifique, etc.

3.　　　Sur la hausse de la laine, le Statist du 3 courant cite le fait suivant. On sait que le plus grand marché des laines est à Londres où se font, à époque fixe, des ventes aux enchères de ce produit. Si l'on en croit notre confrère, les meilleures sortes de laine sont achetées par l'Angleterre et les États-Unis, le continent européen achète les qualités inférieures. Lorsque les dernières ventes ont eu lieu, il s'est produit d'abord une forte hausse sur les belles qualités, les cours des inférieures étant au contraire sans changement. Le continent, disait-on, s'abstenait, ne croyant pas à la durée de la hausse des prix, et convaincu que les cours reculeraient dès que les Américains auraient été pourvus. Il n'en alla pas ainsi. Les prix ne cessèrent de s'élever pendant la période des ventes ; Français et Allemands durent se décider, dans les derniers dix jours, à acheter, la hausse s'étant produite finalement sur les qualités inférieures, et aussi forte que sur les meilleures. Il est à peine besoin de faire remarquer combien cette situation du marché des laines est un fait économique heureux pour les pays producteurs comme l'Australie, la République Argentine, le. Cap, si éprouvés depuis trois années par l'avilissement des prix.

4.　　N'est-il pas attristant de lire, dans tant de rapports de nos consuls, des lignes comme celles-ci : « Aucun navire français n'a pris part au commerce maritime de Galveston en 1894 » (Rapport de M. Glaudat). « Aucun navire français n'a mouillé à Santiago de Cuba en 1894 » (Rapport de M. Chausson). « Aucun navire français n'est entré dans la baie de Manille en 1894 », etc.

5.　　Voyez la Revue du 1er février dernier.

6.　　1 pond = 16 kilogrammes.

7.　　Les exportations de filés cotons de l'Inde pour la Chine et le Japon se sont élevées, de 8 millions de livres anglaises en 1877 à 189 millions en 1893.

8.　　Les importations de machines et matériel de filatures au Bengale, en 1894, accusent, une augmentation de 20 pour 100 sur les chiffres de 1893. Dans une conférence bimétalliste faite le 8 mai à Londres à la London Institution, M. Herbert C. Gibbs a dit que la seule industrie vraiment prospère actuellement en Angleterre est celle qui alimente, en machinerie pour la fabrication des textiles, les nations concurrentes, et il citait le chiffre de 270 millions de francs comme représentant les ventes de matériel de en genre faites par la Grande-Bretagne en l'espace des deux années 1893 et 1894, dont les trois quarts pour l'Europe et les États-Unis, et le reste pour los pays d'Extrême-Orient. Il peut n'être pas tout à fait, indifférent de noter qu'une manufacture de jute et, une usine pour la filature du coton ont été récemment installées sur le territoire français de Chandernagor.

9.　　Les salaires sont plus élevés à Bombay que partout ailleurs dans l'Inde.

10. Un rapport de la Chambre de commerce de Yokohama du 5 mai 1894 nous apprend que l'importation des premières machines à filer le coton date de 1875. A la fin de 1883, on comptait 16 filatures avec 45 000 broches ; en 1888, 24 filatures et 88 000 broches ; en 1892, 39 filatures et 403 000 broches ; en 1893, 46 filatures et 600 000 broches : en 1894 enfin, 50 filatures et 780000 broches. On trouve encore dans ce rapport que, en 1893, tandis que 67 filatures du Lancashire avaient été en perte de 411 000 livres sterling, 21 filatures japonaises donnaient en moyenne 17 pour 100 de dividende. C'est l'Inde anglaise qui fournit principalement le coton brut que le sol japonais ne peut produire. Nos cotons cambodgiens et tonkinois trouveraient au Japon un débouché d'une grande valeur, car les Japonais, avant dix ans, expédieront des filés en Chine et aux Philippines, et ils travaillent dès maintenant à installer l'outillage nécessaire à la fabrication des cotonnades imprimées que leur vend encore l'Angleterre.

11. Rapport du vice-consul de France à Nagasaki pour 1894.

12. Exactement ce que vaudrait notre pièce de 5 francs si on voulait l'utiliser pour des paiements à effectuer à l'extérieur.

13. Les marchandises, en effet, à l'entrée en douane, sont évaluées en la monnaie du pays. A Yokohama, à Kobé, cette monnaie est le yen, appelé aussi piastre ou dollar. A quantité égale, la valeur des marchandises importées ou exportées s'élève ou diminue selon les fluctuations de cours du change de la monnaie locale.

14. Les emprunts ont donné 106 millions de yens, des souscriptions volontaires 2 millions et demi. Le total des billets émis par le gouvernement, la Banque du Japon et les banques nationales, s'élevait, en décembre 1894, à 175 millions de yens.

15. Le tael haïkwan, monnaie nationale, à base d'argent', vaut nominalement 7 fr. 50, mais sa valeur réelle, par rapport à l'or, varie en proportion de la dépréciation du métal argent. Elle a été en moyenne de 4 fr. 85 en 1893, et de 4 francs en 1894.

Partie III

L'an dernier, dans la saison d'été, nous avions signalé à cette place quelques symptômes caractéristiques d'un retour prochain d'activité dans le mouvement des transactions internationales, d'un relèvement probable de la courbe, depuis si longtemps fléchissante, de notre prospérité économique. Les prévisions fondées sur ces symptômes se sont assez exactement vérifiées malgré la fréquence des orages politiques dans les derniers mois de l'année. Les courants de l'activité commerciale et industrielle semblent obéir à des forces sur lesquelles resteraient sans action les agitations qui troublent par accident la sérénité de la surface des sociétés. Ils se ralentissent ou s'accélèrent pour des causes plus profondes et lointaines, indépendantes des crises passagères nées des extravagances de la spéculation financière ou des défaillances de la diplomatie.

Durant les mois d'automne et d'hiver, nous avons vu successivement l'Angleterre occuper le monde entier de ses intrigues en Arménie, les représentants des six puissances établir une sorte de siège autour de la Sublime Porte, le président Cleveland faire du misérable conflit anglo-vénézuelien l'occasion d'un manifeste tumultueux. Sur le terrain boursier, le krach des mines d'or du Transvaal a ouvert la saison. Nombre de titres ont baissé en quelques jours de cent pour cent, entraînant dans leur reculade les valeurs ottomanes et causant à l'ensemble du marché un ébranlement dont il s'est d'ailleurs assez promptement remis. Des gens du monde, d'autres des fractions du monde, que le bruit de l'or avait attirés chez les financiers, perdaient des sommes fabuleuses que beaucoup d'ailleurs oubliaient de payer, ce qui fut cause que la moitié des maisons du marché libre de Paris disparurent.

Cette bourrasque passée, la romanesque aventure de Jameson remit le Transvaal à la mode. On ne parla plus, dans les feuilles, que du magnanime président Kruger, des infortunes peu héroïques des *uitlanders*, de l'arrestation en masse des ingénieurs millionnaires de Johannesburg, de la diplomatie de M. Chamberlain, des aventures de l'homme qui mène la ronde de l'or et des diamants, le maître du pays d'Ophir, M. Cecil Rhodes. Un jour, un télégramme faillit mettre aux prises l'Allemagne et l'Angleterre ; John Bull, si on l'eût un peu pressé, allait déclarer la guerre à l'univers. L'Europe a frémi, durant quelques heures, devant la légende de l' « escadre volante ». Elle se remettait de son émoi, lorsque les sénateurs américains, prenant les insurgés de Cuba sous leur protection, commencèrent une mauvaise querelle à l'Espagne, cependant que les Italiens se faisaient battre en Afrique par un monarque noir et sauvage, étrangement frotté de civilisation. Dernier spectacle offert par la lanterne magique de la politique internationale, la Grande-Bretagne s'apercevant que ses démêlés avec l'Allemagne et la guerre d'Abyssinie risquaient de remettre sur le tapis la question d'Egypte, décidait de brusquer les choses en annonçant un matin au monde qu'elle allait, après de longues années de patience, venger le désastre de Khartoum et la mort de Gordon, et reconquérir le Soudan.

De tant d'inquiétudes données par cette succession de faits sensationnels à l'humeur pacifique des populations civilisées, le monde commercial et industriel s'est à peine ressenti. Les affaires, qui avaient commencé à redevenir actives, dans les usines et dans les magasins, n'ont plus cessé de l'être. La reprise s'est accentuée régulièrement, portant un renouveau de vie dans toutes les branches de l'industrie. Les prix des marchandises se sont relevés, les recettes des chemins de fer se sont accrues, les publications douanières ont accusé un grossissement continu du volume des échanges internationaux.

I

Ce revirement est le point capital de la situation économique présente. Il marque le tournant vers une orientation nouvelle après une période prolongée, ininterrompue, d'amoindrissement. Quel que soit l'aspect sous lequel on considère le mouvement commercial pendant les quatre années 1891-1894, exportation ou importation, commerce général ou spécial, il apparaît en effet qu'un recul considérable s'est produit dans l'ensemble annuel de nos échanges avec l'étranger. Cela n'est vrai toutefois qu'au point de vue de la valeur. La diminution est beaucoup moindre, si même il y a diminution, dans les totaux représentant les quantités et les poids des marchandises et produits échangés. La diminution portée dans les publications douanières et se rapportant à la valeur doit être assignée pour une grande part, sinon pour la totalité, au phénomène général de la baisse des prix.

L'année 1890 avait marqué le point culminant d'une période de relèvement temporaire des valeurs. La dépréciation s'est produite ensuite, très rapide, entraînant la réduction du chiffre des exportations et des importations [1]. Admettons, ce que nous donnent à peu près les divers modes de calcul, que Lee prix aient baissé en moyenne de 15 pour 100 entre 1891 et 1894. Si on relevait de 15 pour 100 les chiffres du commerce extérieur de 1894, on trouverait un résultat très peu inférieur au total de 1891. Cette remarque oblige à reconnaître que si le régime douanier est, à un degré quelconque, responsable de l'affaiblissement du mouvement commercial, il ne l'est que partiellement. Presque dans le monde entier, en Angleterre, en Allemagne, dans l'extrême Orient comme en France, les années 1890 et 1891 ont marqué un apogée pour l'activité du commerce extérieur, et il y a eu, depuis lors, bien que dans des proportions inégales, réaction sur toute la ligne.

Depuis le milieu de 1895, les relevés mensuels des douanes n'ont cessé d'accuser, au contraire, pour l'exportation de nos objets fabriqués principalement [2], mais aussi pour nos autres envois à l'étranger, un progrès considérable sur 1894. Il y a là une raison de plus d'être circonspect dans l'affirmation d'une relation de causalité entre le régime douanier et les fluctuations d'activité de notre commerce extérieur. La décadence révélée par les chiffres de 1891 à 1894, heureusement enrayée en 1895, avait commencé sous le régime libéral ; elle s'est continuée sous le régime protectionniste, recevant peut-être de l'action de ce dernier quelque accentuation, mais déterminée surtout par l'énergie croissante de la concurrence étrangère. De grands pays, naguère exclusivement agricoles, développent avec une étonnante rapidité des aptitudes industrielles. Des pays nouveaux alimentent l'Europe, à l'heure actuelle, de commandes importantes de machines pour s'outiller eux-mêmes et arriver à se passer du vieux monde. Russie, Chine, Japon auront un jour leurs aciéries, fonderies et hauts fourneaux. On verra, dans le prochain siècle, des industriels français, anglais, allemands, obligés de fonder des usines aux Indes, en Birmanie, au Tonkin, pour lutter contre des confrères à peau jaune. Certains courants de commerce seront supprimés, d'autres s'établiront. Le nouveau tarif douanier a bien certainement commencé par amener un ralentissement dans nos échanges. Il y a eu une période difficile pour nos exportateurs. Mais le relèvement qui s'est produit en 1895 a ranimé les courages. L'industrie française a compris qu'il serait aussi funeste de s'abandonner à un pessimisme débilitant que de s'endormir dans une trompeuse sécurité. La France a été et restera un pays de grande exportation. Tout en s'appuyant sur la base solide du marché intérieur, l'industrie doit redoubler d'efforts pour faire accepter ses produits au dehors. Le commerce a, en outre, dans les productions de l'agriculture, de l'élevage, des pêcheries, des forêts, du sous-sol, une immense variété d'articles d'échange. Il n'en est pas réduit aux fameux bibelots de Paris, comme le voudrait donner à croire certaine légende, aussi mensongère que celle qui veut que tous les Français et Françaises vivant à l'étranger soient exclusivement des coiffeurs, des modistes, des cuisiniers, ou des professeurs courant le cachet : on ajoute aujourd'hui des fonctionnaires, depuis que nous avons reconquis des colonies.

II

De 1890 à 1895 nos relations commerciales ont présenté avec un certain nombre de pays d'Europe et d'Amérique des réductions continues. L'Allemagne par exemple nous a dépossédés du second rang dans la République Argentine, où la valeur de nos envois a baissé, en dix années, de 17 à 10 millions de piastres or. En dehors des causes générales qui expliqueraient ce mouvement de recul, il y a aussi des raisons qui nous sont personnelles, provenant de nos habitudes et de notre caractère, et sur lesquelles ne cessent d'insister les rapports consulaires que public le *Moniteur officiel du Commerce* : nous produisons des marchandises de qualité supérieure, mais nous voulons vendre trop cher ; et de plus, nous manquons d'initiative pour imposer nos marchandises à l'attention des acheteurs.

Si les produits étrangers sont préférés sur tel ou tel marché extérieur aux produits français, bien que ceux-ci soient plus appréciés, c'est que nos concurrents offrent des prix de vente plus bas. M. Raiberti, dans un rapport sur le budget des affaires étrangères, constate ces efforts de nos concurrents commerciaux pour se plier exactement aux goûts et aux exigences du client ; pour descendre à des prix de vente toujours plus avilis ; pour accorder de plus grandes facilités de crédit, opérer à l'aide d'une représentation commerciale plus nombreuse et plus active. Les rapporteurs de la commission permanente des valeurs de douanes disent également que nous fabriquons trop beau et que nous vendons trop cher.

Il est certain que des remèdes sérieux devraient être appliqués à ces éléments de faiblesse de notre commerce d'exportation. Il règne cependant, sur une de ces causes d'infériorité, un préjugé dont il est équitable de signaler l'inanité. On a pris l'habitude d'attribuer la rapidité avec laquelle nos concurrents gagnaient du terrain sur nous dans les pays étrangers à l'insuffisance technique de notre personnel consulaire, à l'espèce de mépris dans lequel ces agents tiendraient les attributions commerciales de leur emploi : nos négociants, disait-on, n'obtenaient auprès de ces fonctionnaires ni appui, ni renseignements, et l'on citait, au contraire, avec admiration, les rapports consulaires si nombreux, si documentés, si riches en informations précieuses de toute espèce, publiés chez nos voisins en Angleterre, en Belgique, en Allemagne, dans la plupart des grands pays étrangers. Ces plaintes, jadis peut-être légitimes, sont devenues une sorte de lieu commun de la littérature courante économique. Il n'est pas rare de les voir surgir encore de temps à autre, comme un cliché bon à reproduire en temps de disette, alors que, depuis plusieurs années déjà, elles ont perdu toute raison d'être. Le plus grand nombre de nos consuls sont en effet aujourd'hui à la hauteur de la tâche qui leur incombe ; ils donnent à leurs attributions commerciales toute l'attention, tout le temps qu'elles peuvent légitimement revendiquer ; et la collection des rapports que ces agents, dispersés dans le monde entier, adressent au gouvernement français sur l'état industriel, commercial et agricole, sur toutes les particularités économiques des lieux où ils résident, peut soutenir la comparaison avec les publications analogues de n'importe quelle nation étrangère.

En théorie, le volume total du commerce international, la somme des échanges entre les divers pays, devrait s'accroître sans cesse, en vertu d'une loi qui repose sur les raisons suivantes :

augmentation de la population ; accroissement de la production par le perfectionnement des méthodes dans l'industrie et dans la culture ; extension de la civilisation moderne dans les contrées neuves et dans certains pays de civilisation très ancienne. C'est cependant un fait établi par l'expérience que l'activité moyenne commerciale dans le monde ne présente pas cette régularité de marche ascendante, et procède au contraire par grandes ondulations produisant ces périodes alternées de dépression universelle et d'universelle activité, dont l'irrégularité fait le désespoir des économistes. Il est imprudent d'appliquer à ces grands mouvements les raisonnements routiniers. Aucun des remèdes, par exemple, que certains docteurs voulaient employer au traitement de la désorganisation du commerce en 1893 et 1894, les déclarant indispensables et infaillibles, n'a été mis en œuvre. Le commerce n'en a pas moins commencé depuis à s'améliorer de lui-même, manquant ainsi du respect le plus élémentaire à la science économique.

Il faut en outre toujours distinguer soigneusement entre le volume et la valeur du commerce international. Il se peut que le volume reste quelque temps stationnaire, même s'accroisse réellement, tandis que la valeur, par suite de la baisse des prix, tende à diminuer, ce qui a été le cas pendant quatre ou cinq ans. Des deux grandes causes d'abaissement des prix, perfectionnement des méthodes de production et de transport, et surproduction de certains articles, la seconde n'a que des effets temporaires ; elle disparaît par un ralentissement de production, succédant à la surproduction. La première, au contraire, est permanente, ce qui rend difficile qu'après une période prolongée de fléchissement, comme de 1880, ou même seulement de 1890, à 1894, les prix puissent se relever à leur niveau ancien. Pour qu'il en fût ainsi, l'action d'un facteur nouveau serait nécessaire, l'excès de circulation monétaire, métallique ou fiduciaire, la dépréciation de la monnaie par rapport aux marchandises, ce que l'on attend un peu du développement croissant de la production d'or ; et il faudrait que cette dépréciation arrivât à produire, dans le sens du relèvement des prix des marchandises, une force égale à celle que développe, dans celui de l'abaissement, le perfectionnement des méthodes de production et de transport.

Ces considérations générales, appliquées au commerce extérieur de la France depuis 1890, expliquent l'importance de ce fait que, malgré les diminutions considérables dans la valeur des importations et des exportations jusqu'en 1894, le volume de nos échanges n'a pas diminué et s'est même plutôt accru. Elles font en outre ressortir la grande signification de l'accroissement survenu à la fois dans le volume et dans la valeur, en 1895, et qui a persisté dans les premiers mois de 1896.

III

Il reste d'autre part à constater que l'accroissement est encore faible, et que le même procédé d'examen appliqué aux chiffres du commerce extérieur de pays voisins, nos rivaux, fait ressortir un taux notablement plus élevé, parlant plus normal, d'accroissement réel. En 1874, l'Allemagne n'avait encore atteint, pour son étendue, sa richesse, son importance économique, qu'un chiffre modique d'exportations. Il y eut dans les vingt années suivantes une poussée vigoureuse, en sorte que la valeur des exportations de l'empire allemand, dont, il est vrai, la population est supérieure de 25 pour 100 à celle de la France, dépasse maintenant de 15 à 20 pour 100 environ la valeur de nos exportations. Notre pays a donc perdu depuis vingt ans une bonne partie de l'avance industrielle que nous avions alors sur ce voisin.

Le total des importations en Allemagne s'est élevé de 26 600 000 tonnes en 1889 à 32 500 000 en 1895, et le total des exportations de 18 292 000 à 23 830 000. L'augmentation est considérable de part et d'autre. Mais si l'on compare les valeurs à cinq années d'intervalle, on ne trouve plus, à cause de la baisse des prix, qu'une augmentation de 171 millions de marks aux importations et de 238 aux exportations.

De 1894 à 1895 seulement, le volume s'est accru, aux importations, de 564 000 tonnes, et la valeur a diminué de 59 millions. Aux exportations, une augmentation de valeur de 365 millions de marks correspond à une augmentation de volume de 950 000 tonnes [3]. Ces résultats font juger de l'amélioration considérable dont le commerce de l'Allemagne a bénéficié on 1895. Quant au rapprochement des quantités entre 1889 et 1895, il présente le

témoignage le plus expressif de l'importance de la baisse des prix :
26 600 000 tonnes importées en 1889 ont valu 4 015 millions
de marks, et 32 530 000 importées en 1895 n'ont valu que 4 217
millions. Le prix moyen de la tonne a été de 15 marks 10 en 1889 et
de 13 marks en 1895, soit, en six années, une baisse de 13,20 pour
100. De même 18 390 000 tonnes exportées d'Allemagne en 1889
ont valu 3 178 millions de marks et 24 millions de tonnes en 1895
ont valu 3 416 millions, soit 17 marks 40 pour le prix moyen de la
tonne exportée en 1889 et 14,25 en 1895, écart qui représente une
diminution de 18 pour 100.

Les chiffres dont il a été fait usage pour 1895 dans ces comparaisons
auront sans doute à subir d'assez fortes rectifications, les valeurs
ayant été établies sur le niveau des prix de 1894, alors que le taux
général s'est sensiblement relevé en 1895. Il conviendrait aussi
d'éliminer des calculs le commerce des métaux précieux pour ne
tenir compte que de celui des marchandises. Ces corrections ne
modifieraient guère la signification des chiffres ci-dessus. Telles
quelles, les données déjà établies suffisent à indiquer la courbe
générale du commerce extérieur de l'Allemagne et à faire ressortir
le grand progrès qui s'est accompli dans l'état économique de
ce pays durant l'année 1895. Une part dans ce progrès revient
sûrement à la modification survenue il y a deux ans dans les
relations politiques et commerciales de l'empire allemand avec
son puissant voisin, l'État russe. Eu 1893, la guerre douanière avait
sinon interrompu tous rapports, du moins notablement réduit le
volume des transactions entre les deux pays. La conclusion du traité
de commerce germano-russe n'a eu d'effets sensibles que dans les
derniers mois de 1894, bien que le traité fût entré en vigueur le
20 mars de cette année. En 1895, au contraire, les Allemands ont
pu constater les bienfaits de l'accord, qui se sont traduits surtout
par un accroissement remarquable de leurs envois en Russie de
fer brut et d'objets et machines en fer et en acier, malgré tout le
perfectionnement donné par ce pays à son outillage industriel
pendant la guerre douanière [4]. La chambre de commerce de Berlin
a voulu faire une enquête sur les effets en Allemagne du traité de
commerce germano-russe. Elle a éprouvé les plus grandes difficultés
à recueillir des renseignements exacts, les intéressés insistant sur
les déceptions qu'ils ont pu éprouver et passant volontiers sous

silence les avantages recueillis. Il est certain toutefois que la Russie est redevenue un débouché considérable pour l'Allemagne, qui vend ses produits à des prix presque toujours inférieurs à ceux que demandent ses concurrents, notamment la France [5].

Le commerce de l'Angleterre s'est amélioré comme celui de la France et de l'Allemagne, en 1895, et sensiblement dans les mêmes proportions, si l'on tient compte au moins des résultats défavorables du premier trimestre de l'année dernière. Dans cette période, en effet, la dépréciation des prix atteignant son maximum, les importations des possessions britanniques dans le Royaume-Uni accusaient un fléchissement de 36 pour 100 et celles de provenance étrangère baissaient de 7,3 pour 100 ; enfin les exportations de nos voisins pour leurs colonies subissaient une diminution de 15 pour 100 ; seuls leurs envois aux pays étrangers avaient augmenté, en valeur, de 5 pour 100. Le volume des transactions n'avait sans doute pas réellement diminué de 1894 à 1895, mais le trait caractéristique de la situation était la réduction très forte (plus de 60 millions de francs) des exportations d'Angleterre dans l'Inde, résultat dû au droit de 5 pour 100 établi à l'entrée des cotonnades en ce pays, dû surtout à la concurrence de l'industrie hindoue. Cette déperdition était compensée par l'accroissement remarquable des ventes de l'Angleterre aux États-Unis, l'excédent étant de plus de 80 millions de francs. La réouverture du marché américain aux marchandises européennes à la suite de l'application du tarif Wilson remplaçant le tarif Mac-Kinley de 1890, a été en effet l'un des grands facteurs, comme l'une des plus sérieuses manifestations de la reprise des affaires dans la seconde partie de 1895. L'Angleterre avait éprouvé dès les premiers mois de l'année les bienfaits de cet important changement de politique économique aux États-Unis.

Lorsque les prix commencèrent à se relever d'une si longue dépréciation, le volume des transactions s'accroissant d'autre part, on vit les chiffres du commerce extérieur de la Grande-Bretagne présenter pour chacun des mois de juillet à octobre une augmentation moyenne de 10 pour 100 sur l'année précédente, à l'importation comme à l'exportation. Le mouvement se ralentit ensuite, et l'année 1895 s'est terminée pour l'Angleterre avec un accroissement d'exportation de 250 millions de francs, que l'on peut considérer comme modeste à côté de l'augmentation correspondante de 310 millions de francs pour la France et de 395 millions de marks pour l'Allemagne, mais qui apparaîtrait bien plus forte si l'on ne considérait que les résultats des six derniers mois de l'année. Le mouvement s'est d'ailleurs largement accentué dans les cinq premiers mois de 1890, période dans laquelle l'accroissement des importations et exportations réunies dépasse déjà un demi-milliard de francs.

Les résultats du commerce extérieur des autres nations de l'Europe occidentale et centrale ouvriraient sous la variété des aspects accidentels la même orientation générale de mouvement. Quant aux chiffres d'ensemble pour toute l'Europe, ils ont, énoncés en valeur monétaire, atteint leur apogée une première fois entre 1881 et 1884, une seconde en 1890 et 1891. Il y a eu fléchissement depuis 1891 jusqu'en 1894, et une vive reprise s'est produite à partir du milieu de 1895. Si l'on ne consultait que le volume ou les quantités, on trouverait partout, depuis quinze années, un accroissement, plus lent ici ou accéléré là, mais continu.

L'Angleterre, la France et l'Allemagne, qui sont les trois grands pays riches du monde, achètent toujours plus à l'étranger qu'ils ne lui vendent. L'excédent de leurs importations sur leurs envois est considérable. Il atteint 6 milliards de francs en 1895. Si la théorie de la balance commerciale avait, en ce qui les concerne, la moindre signification, ces pays devraient être depuis longtemps ruinés. S'ils n'ont cessé de s'enrichir, c'est que, seuls fournisseurs industriels, au moins jusqu'en ces derniers temps, du reste de l'univers, ils sont par-là même, et pour des sommes énormes, ses créanciers. L'excédent d'importations qu'ils absorbent n'est que la représentation en marchandises — c'est-à-dire en richesses vraies — des intérêts annuels que leur doivent les pays, pauvres d'espèces, auxquels ils ont prêté.

IV

L'agriculture n'a point eu part jusqu'ici au bénéfice de la reprise des affaires. Elle continue à exhaler des plaintes par tous les organes dont elle dispose : sociétés départementales, régionales ou nationales, et groupe agricole au parlement. Le 4 décembre 1895 au sénat, le 28 du même mois à la chambre, au cours du débat sur le budget du ministère de l'agriculture pour 1896, nombre d'orateurs ont dépeint sous les couleurs les plus sombres la situation de l'agriculteur français. L'un d'eux a mis le gouvernement en garde contre le péril que « la grande abandonnée ne devînt la grande désespérée. » Un autre a rappelé qu'en 1894, le prix du blé étant de 20 francs le quintal, le gouvernement avait reconnu que ce prix ne laissait aucune marge de profit au producteur et rendait sa situation intolérable. Que dirait-il aujourd'hui, avec le prix de 19 francs ? Certes, il n'y a pas là seulement de la rhétorique ; et pourtant le cultivateur français se défend mieux contre les duretés du sort que ne le font les fermiers d'Angleterre, d'Allemagne et d'autres pays voisins Un Anglais, qui est venu étudier surplace notre situation agricole pour la comparer avec celle de son pays, écrivait le 21 février dernier que décidément l'agriculteur de France est moins malheureux que son confrère britannique, et que ce résultat, s'il est dû, pour partie et d'abord, à l'efficacité des bienfaits de la protection douanière, l'est plus encore à une série de causes permanentes, telles qu'une organisation déjà remarquable de l'enseignement agricole, des habitudes d'économie sévère des femmes de nos campagnes, la réunion du double caractère de propriétaire et de cultivateur en une même personne dans le plus grand nombre de cas [6], l'attention minutieuse portée sur les profits secondaires, enfin la pratique de plus en plus répandue de la coopération, le fonctionnement très actif des syndicats agricoles dans toutes les régions de la France.

Au point de vue scientifique, les agriculteurs français ont fait de grands progrès depuis quelque temps. L'exemple est donné, sur des points multipliés, par des hommes intelligents qui trouvent le moyen de réaliser des bénéfices considérables, même par la culture en grand des céréales à bas prix. Les bonnes méthodes se propagent, et la moyenne générale du rendement s'élève. C'est par-là que se sauvera notre industrie agricole, et, dans cette industrie, la culture nationale par excellence, la culture du froment [7]. Néanmoins, la masse souffre encore, et ses défenseurs ne se lassent pas de réclamer le secours du gouvernement. Ils demandent encore, après le droit d'entrée de 7 francs, un droit de douane gradué qui, parlant de zéro quand le cours moyen des marchés français serait de 30 francs le quintal, s'élèverait automatiquement, centime par centime, inversement du cours moyen de nos marchés, à mesure que ce cours moyen descendrait au-dessous de M francs (le cours étant actuellement de 10 fr., le droit devrait être de 11 fr.). Ils demandent encore une large diminution des impôts ruraux, le vote du projet de loi du cadenas, la limitation à trois mois de la durée de l'entrepôt pour les blés et farines, l'établissement d'une taxe d'entrepôt de 1 franc par quintal et par mois sur les blés en entrepôt, et une taxe proportionnelle sur les farines ; la suppression des entrepôts fictifs, l'observation rigoureuse de la législation sur les admissions temporaires. Ils désirent aussi que les droits de douane soient majorés de surtaxes différentielles selon l'écart du change entre la France et chacun des pays, exportateurs de blé, chez lesquels circule une monnaie dépréciée.

Les pouvoirs publics ne sont pas restés tout à fait indifférents à ces sommations. Le 15 novembre 1895, le ministre de l'agriculture, conférant avec la commission parlementaire des douanes sur le projet de loi du cadenas et sur les modifications à apporter nu régime des entrepôts et des admissions temporaires, promettait de demander la mise de ces projets à l'ordre du jour de la Chambre dans le plus bref délai. Mais les amis des agriculteurs et le gouvernement se sont heurtés à une très vive résistance du commerce qui supporte impatiemment les entraves de toute sorte dont on a entouré depuis 1891 sa liberté d'expansion. On sait que le « cadenas » a pour but d'empêcher certaines spéculations sur les marchandises à importer au moment où les Chambres viennent à être saisies d'une demande d'augmentation des droits. Bien que le projet eût surtout en vue les spéculations sur les céréales, il n'était pas, en son premier texte, limitatif, et pouvait atteindre tous les genres de marchandises. Le gouvernement, inquiet de l'opposition du monde commercial, abandonna ce projet pour se rallier à une proposition limitative. La faculté de percevoir immédiatement, quoique à titre provisoire, les nouveaux droits éventuellement proposés ne serait accordée à l'administration des douanes qu'autant que ces droits s'appliqueraient aux céréales ou à leurs dérivés, aux vins, aux bestiaux ou aux viandes abattues.

Le ministre du commerce s'est déclaré d'accord sur la nouvelle rédaction avec son collègue de l'agriculture, et le 19 janvier 1896, celui-ci, parlant à Douai devant la Société des agriculteurs du Nord, soutenait, au nom du gouvernement, la loi du cadenas sous sa nouvelle forme. Le monde agricole a salué avec une satisfaction qui se comprend aisément l'arrivée au pouvoir de son défenseur attitré, M. Méline, l'apôtre de la politique de la protection. Un important dégrèvement des charges fiscales qui pèsent sur l'agriculture est, on le sait, un des articles essentiels du projet de réforme des contributions directes, actuellement en discussion à la Chambre.

Que le commerce ne soit pas satisfait de la campagne que mènent les protectionnistes en faveur de l'agriculture, qu'il accable des critiques les plus acerbes le régime économique inauguré en 1892, cela n'a rien que de naturel [8]. Comment méconnaître, toutefois, dans une discussion où l'impartialité semble singulièrement difficile à atteindre, que le reproche fait au protectionnisme d'avoir tué notre commerce d'exportation a perdu, en 1895, une partie de sa justification absolue, en tout cas son opportunité, puisque, l'année dernière, la valeur de nos exportations a augmenté sur l'année précédente de plus de 300 millions ? A cet argument de fait, les libre-échangistes opposent l'assertion, nécessairement hypothétique, qu'avec le régime de la liberté nos ventes à l'étranger auraient pris, après la période de dépression 1892-94, un essor bien plus brillant que celui dont les protectionnistes se montrent si fiers grâce aux chiffres de 1895. Quoi qu'il en soit, la chambre de commerce de Paris a protesté, et avec elle ont protesté les chambres de Lyon et de Marseille, d'autres grandes villes encore, la chambre des courtiers assermentés, puis des associations particulières comme la Société des industriels et commerçants de France. A toutes ces manifestations de résistance, il faut ajouter encore le vote du conseil supérieur du commerce condamnant l'ensemble de mesures successivement adoptées par le conseil supérieur de l'agriculture et par la commission des douanes d'accord avec le cabinet. Le gouvernement se trouve pris entre ces deux grands intérêts nationaux, qui, par leurs organes les plus élevés, lui adressent des objurgations si contradictoires.

V

Une des causes principales des difficultés qui se dressent devant l'agriculteur français est l'élévation des salaires des ouvriers agricoles, due à la rareté de plus en plus grande de la main-d'œuvre, qui est elle-même en grande partie l'effet d'un certain mode de diffusion de l'instruction primaire. Il y a des choses qu'il faut avoir la franchise de dire : l'instruction obligatoire a été un des agents essentiels du phénomène que ne cessent de déplorer les économistes, le dépeuplement des campagnes. Mais, si l'on peut formuler ce grief contre l'école primaire, c'est parce que le programme des connaissances que les instituteurs y doivent inculquer aux enfants confiés à leurs soins dans les campagnes, est farci d'ingrédients propres à développer les aspirations ambitieuses et les rêves chimériques, beaucoup plus qu'il ne contient de ce qui pourrait maintenir et développer chez ces enfants l'amour de la terre. Il n'y a pas d'agriculture dans les programmes de nos écoles primaires, ou du moins il n'y en a pas eu pendant une trop longue suite d'années, et le peu qu'on y en a mis dans ces derniers temps est insuffisant. Les auteurs des programmes n'avaient en vue que de faire du paysan un citoyen selon la formule républicaine et laïque, un électeur très informé sur les rouages du mécanisme politique, c'est-à-dire soustrait à l'influence du clergé et des anciennes classes dirigeantes. Le résultat a été de transformer, par dizaines de milliers, des hommes que l'ignorance d'autrefois eût maintenus simples d'esprit, résignés à leur sort d'enfants de la glèbe, en d'impatiens solliciteurs d'emplois publics ou privés, bayant après les faveurs administratives, ou en compagnons résolus à troquer le labeur écrasant et misérable de la campagne contre les gains réputés faciles et les plaisirs variés de la ville. Inutile d'insister sur ce qu'il advient de l'élément féminin dans cette transformation des gens de nos campagnes, par l'école primaire.

Le mal que l'école a fait, elle peut le réparer, à la condition qu'elle donne désormais aux connaissances agricoles le pas sur les prescriptions du catéchisme civique. Aux enfants des champs elle doit apprendre, avant tout, la bonne manière d'aimer les champs, qui est de les cultiver avec plus d'art, partant avec plus de fruit ; elle doit leur apprendre à mieux utiliser le travail des bras en le rendant moins pénible, et à goûter les perfectionnements de méthodes, qui seules pourront maintenir le labeur du sol au rang de la plus noble industrie française. C'est surtout par l'école primaire que la nécessité de ces perfectionnements pourra s'imposer à l'entendement des gens de la culture. Mais il faut encore ici se garder, tout en reconnaissant l'efficacité d'une diffusion de l'enseignement agricole, de lui attribuer des vertus imaginaires, de tomber à cet égard dans des illusions qui constitueraient un nouveau danger. Il faut des chaires d'agriculture, des fermes-écoles, des stations d'analyse et d'expérience, mais pas trop n'en faut. Les pouvoirs publics en viendraient aisément à croire qu'ils ont témoigné pour l'agriculture une sympathie assez vive par une multiplication bruyante, accompagnée de grands discours sonores, de ces créations faciles et peu coûteuses. Le trésor s'en tirerait aisément avec quelques centaines de mille francs. On avait pris depuis plus de quinze années déjà, bien d'autres engagements qui n'ont jamais été acquittés. Ne devait-on pas réserver exclusivement à l'agriculture le bénéfice de la première conversion du 5 pour 100 en 4 1/2 ? et cet engagement ne fut-il pas renouvelé lors de la seconde conversion en 3 1/2 pour 100 ? On sait comment a été tenue la parole donnée par les pouvoirs publics en ces deux circonstances, bien que la double opération ait réduit de plus de 100 millions l'intérêt que l'Etat paie à ses créanciers.

VI

La commission royale qui, chez nos voisins d'outre-Manche, poursuit depuis plusieurs années son enquête sur l'état de l'agriculture, a récemment publié non pas son rapport, mais ses rapports, car il y en a un de la majorité des membres de la commission et un de la minorité, sans compter ceux des membres isolés qui n'ont pu s'accorder avec l'un ni avec l'autre des deux groupes. Il s'agit d'ailleurs de rapports provisoires, la majorité alléguant le très long délai qu'aurait exigé la préparation d'un rapport final à cause de la multiplicité des sujets sur lesquels, a porté l'enquête. Ces documents n'ont malheureusement pas contribué à dissiper les obscurités de la controverse sur la détresse de l'agriculture anglaise et sur les remèdes à y apporter. Il est juste cependant de reconnaître que la majorité et la minorité de la commission se sont trouvées d'accord sur deux points : la nécessité d'alléger les charges, taxes et dîmes, qui pèsent sur les populations agricoles ; et l'opportunité d'organiser un système de prêts publics aux cultivateurs.

Il n'était vraiment pas besoin de si longs et de si minutieux travaux pour découvrir que les fermiers anglais, comme tous les fermiers du monde, seraient un peu moins malheureux s'ils payaient moins d'impôts, et qu'ils accueilleraient avec satisfaction toute offre du gouvernement de leur prêter des capitaux pour améliorer leurs terres. Le recours au socialisme d'État, voilà tout ce que cette grande commission d'enquête a découvert de pratique pour le soulagement de l'agriculture ! C'est peu. Les cultivateurs avaient d'instinct trouvé ce remède, et s'ils n'en ont pas obtenu l'application plus tôt, ce n'est pas faute qu'ils aient sollicité les pouvoirs publics de leur tendre une main secourable. Malgré les habitudes de *self-government* et de *self-help* de la race anglo-saxonne, ils ont fait entendre, par toutes les voies de l'opinion, qu'ils étaient à bout de ressources et d'efforts et n'attendaient plus le salut que d'une intervention gouvernementale.

Le dernier cabinet libéral était naturellement peu disposé à venir en aide à l'agriculture, mais l'arrivée des tories et des unionistes au pouvoir raviva les espérances des cultivateurs. Le duc de Devonshire fut le premier des membres du nouveau gouvernement qui aborda en public les questions se rattachant à la situation présente et aux perspectives d'avenir de l'industrie agricole britannique. Ses déclarations n'étaient pas de nature à laisser aux fermiers l'illusion qu'ils pussent attendre d'un parlement « sympathique » le secours législatif qui les aiderait à surmonter des difficultés dont leur propre énergie n'a pu venir à bout jusqu'à présent. Une réduction générale des fermages, édictée par une loi du parlement, ne saurait aller sans une réorganisation universelle de toutes les relations économiques. Les charges dont le sol est grevé, si lourdes qu'elles soient, sont, à des degrés divers, en harmonie avec l'état général du pays. Un allégement soudain sur un point, rien n'étant changé ailleurs, risquerait de causer plus d'injustices qu'il ne guérirait de souffrances. C'est une mesure chimérique, impraticable. De même le parlement ne saurait, pour assurer aux cultivateurs une large réduction des frais de transport de leurs produits, contraindre les compagnies de chemins de fer à ne plus exploiter leur propriété à un point de vue commercial.

Le duc de Devonshire tenait ce langage à l'inauguration d'un institut agricole du Midland, entreprise fondée par les efforts combinés des conseils de plusieurs comtés du contre de l'Angleterre et ayant pour objet de donner un enseignement technique sur diverses matières agricoles. L'orateur, faisant l'éloge de cette organisation, déclarait avec vivacité que l'avenir de l'agriculture lui paraissait devoir dépendre surtout de la continuité et du succès des efforts qui pourront être faits pour améliorer ses procédés et substituer l'application des principes rationnels au règne de la routine. L'agriculture, dit-il, est une véritable industrie, et il est remarquable que, pour des raisons diverses, elle n'ait que si faiblement participé en Angleterre aux avantages que tant d'autres formes de l'industrie ont obtenus de l'application des découvertes scientifiques, et aussi des bienfaits de la coopération que l'on voit à l'œuvre avec un si grand éclat sur le continent, notamment en France. Sans doute les cultivateurs anglais n'ont pas encore nettement la conscience des conditions de la lutte pour l'existence où ils sont engagés. Ils ne font point spontanément tout ce qui serait possible pour sortir du lamentable état de dépression où ils ont laissé tomber leur industrie. Le pays ne pourra que suivre avec sympathie les efforts qu'ils feront pour améliorer eux-mêmes leur situation, et ces efforts constitueront un titre plus pressant à l'assistance du parlement que ne le ferait la dépression agricole par elle-même. Ce langage était la condamnation, par un membre du gouvernement, du socialisme d'Etat ; une paraphrase du thème : Aide-toi, le ciel t'aidera ; langage viril, mais où l'agriculture anglaise ne trouvait assurément pas les encouragements qu'elle avait espérés.

Lord Salisbury ne lui a pas donné beaucoup plus, lorsque des membres de la Chambre des communes, partisans de mesures législatives en faveur de l'agriculture, vinrent lui présenter, avant l'ouverture de la session, un long mémoire sur les moyens de parer à la détresse agricole : pensions de l'Etat pour les vieillards, réduction des taxes foncières, marques d'origine sur les produits étrangers, déclaration de guerre à tous les genres de fraude sur la qualité et l'origine des produits, extension des pouvoirs du Bureau de l'agriculture, etc. Fait à peine croyable, il n'était, dans ce document, fait mention ni du bimétallisme ni de la protection. Le premier ministre couvrit d'eau bénite de cour les délégués de l'agriculture souffrante ; il les assura de la profonde, de l'anxieuse sympathie du gouvernement, parla de la sévérité de l'épreuve que traversait cette grande industrie nationale, insista sur la faiblesse du pouvoir curateur de la législation, et, finalement, promit d'insérer dans les propositions ministérielles de 1896 les mesures qui paraîtraient le plus propres à procurer le soulagement désiré.

Une autre délégation, représentant l'agriculture des comtés orientaux de l'Angleterre, alla porter ses doléances au premier lord de la Trésorerie, M. Arthur Balfour, et au ministre de l'agriculture, M. Walter Long. On sait que M. Balfour est bimétalliste. Il a déclaré une fois de plus, dans le débat qui eut lieu en mars sur une proposition monétaire, ses opinions bien connues à cet égard. S'il dépendait de lui, il tenterait de sauver l'agriculture par la réhabilitation de l'argent. Mais il ne peut imposer ses vues à ses collègues du gouvernement, et il ne peut faire, par ailleurs, que les bimétallistes ne soient encore en minorité en Angleterre. On recourrait donc à d'autres mesures, mais les délégués devaient comprendre qu'il n'était point au pouvoir de l'Etat, en tout cas, de rendre la prospérité à une industrie affectée par un ensemble si complexe de causes économiques. L'un des délégués avait déclaré qu'à moins d'une hausse notable du prix des céréales, l'agriculture était perdue sans retour. L'Etat ne pouvait donner le secours réclamé, et M. Balfour était obligé de reconnaître que le problème était insoluble. Il est à peine besoin de dire quelle impression pénible devait produire une réponse si décourageante. Il serait cependant injuste de déclarer que les pouvoirs publics n'ont rien fait pour les classes agricoles : le parlement a voté un projet de loi relatif à la construction de trains légers dans certains districts ruraux ; et, ce qui est plus sérieux, discute en ce moment un projet de dégrèvement de taxes proposé par le cabinet en acquittement de la promesse qu'avait faite lord Salisbury [9].

Pourrait-on douter de la réalité de la détresse agricole chez nos voisins ? C'est en septembre 1894 que le prix du blé anglais tomba au-dessous d'une livre sterling par quarter (de 290 litres), soit au-dessous de 9 francs l'hectolitre ou de 12 francs le quintal métrique. La position n'est plus tout à fait aussi mauvaise, mais il ne s'en faut guère [10]. Aussi la superficie des terres cultivées en froment a-t-elle, d'une année à l'autre, diminué d'un demi-million d'acres, soit de plus d'un quart de la totalité qui subsistait en 1894 [11]. Si la diminution devait continuer de ce pas, avant quelques années la culture du blé ne serait plus chez nos voisins qu'un souvenir historique. Il est vrai que, si les cultivateurs anglais, qui produisent maintenant si peu de blé, produisent aussi un pou moins d'orge que précédemment, ils obtiennent en retour plus d'avoine et plus de foin, étendent leurs pâturages, et se livrent de plus en plus à l'élevage. Il est vrai encore que les peintures navrantes auxquelles se complaît la presse britannique ne s'appliquent heureusement pas à toutes les parties de l'Angleterre, et que l'aspect des campagnes, en plus d'une région, ne révèle point cet étal de décadence et de ruine [12]. Toutefois les lamentations, en général, ne sont que trop légitimes. Le cri universel est que 1895 a été la plus mauvaise année depuis 1879, qu'on n'avait pas vu depuis vingt ans une aussi faible récolte d'orge, que les prix n'ont jamais été aussi ruineux, etc. Les choses paraissent se modifier heureusement cette année. La superficie emblavée, au lieu de diminuer encore, a été notablement accrue.

Un journal anglais exhumait récemment une plaquette de quelques pages, publiée à Londres en 1801, ayant pour auteur un clergyman du sud de l'Angleterre, et portant le titre suivant : « Observations sur le prix énormément élevé des objets d'alimentation ; montrant notamment que l'opulence excessive des cultivateurs tend à bouleverser les gradations nécessaires de la société ; qu'elle est nuisible aux intérêts de la moralité publique ; et que, s'il n'y est point appliqué un remède énergique, elle deviendra un fléau pour le pays. » On voit dans cet opuscule que, par suite du prix extravagant du blé (près de 5 livres sterling le quarter) et des autres articles nécessaires à la vie, il y a une misère extrême dans tous les rangs de la société sauf chez les fermiers et les propriétaires fonciers. L'auteur estime que si le parlement voulait fixer par une loi (déjà l'intervention de l'État !) un prix maximum pour le froment, soit 4 livres sterling par quarter, il laisserait encore le fermier s'enrichir, mais faciliterait l'importation et soulagerait une immensité de misères, sans violer à aucun degré le principe d'équité. Pourquoi d'ailleurs s'arrêter après une première atteinte à la liberté individuelle ? Notre clergyman dénonçait la spéculation qui faussait les cours, tout comme aujourd'hui. Il demandait qu'une bonne législation fît disparaître les milliers de parasites dont était dévorée la substance commerciale entre le producteur et le consommateur.

Et pourquoi un impôt solide, établi sur les profits du cultivateur, ne lui enlèverait-il pas de la poche, ou n'empêcherait-il point d'y entrer, tout l'argent qu'il tenterait d'extorquer du public au-dessus du prix de 4 livres sterling par quarter ? Quelle ironie anticipée dans cette philippique contre la prospérité insolente de l'agriculture, et comme le prix actuel de 25 shillings fait une humble figure auprès de ces cotes de 100 à 120 shillings d'il y a bientôt un siècle !

VII

Le fléau de l'industrie est le bas prix de vente des produits, qui résulte, non pas seulement de l'habileté professionnelle, du perfectionnement des machines, de l'économie dans les détails de l'exploitation, mais surtout de l'excès de la production, d'où résulte la suppression des bénéfices, qui entraîne à son tour la diminution des salaires et finalement la ruine commune des patrons et des ouvriers. Aussi l'idée de restreindre la production par une réglementation contractuelle fait-elle son chemin dans le monde. Les grandes compagnies productrices du cuivre ont conclu récemment un accord fondé sur le principe d'une limitation, variable chaque année, de la vente du produit. Les compagnies nitratières du Chili ont tenté un arrangement analogue. Les sociétés charbonnières de la Pensylvanie ont maintes fois conclu des conventions du même genre, ainsi que les sociétés métallurgiques d'Autriche et d'Allemagne [13].

Le dévergondage de la production, la concurrence désordonnée, anarchique, comme disent excellemment les adversaires de l'école officielle du laisser-faire et du laisser-passer, conduit au nivellement des prix dans le sens de la baisse continue et indéfinie et provoque dans le monde du travail les crises les plus redoutables.

Quand la limite de réduction des frais généraux est atteinte et que le prix de la marchandise produite continue à baisser parce que la production cesse d'être en rapport avec la consommation, il ne reste à l'industriel qu'à fermer son usine ou à réduire le seul facteur encore compressible de la production, le salaire. Cela fait des ouvriers sans travail, ou des ouvriers travaillant pour un salaire qui ne peut plus nourrir leurs familles. Cela fait aussi des patrons qui ne trouvent plus une juste rémunération du capital exposé et des risques courus.

Or ce manque d'équilibre entre la production et la consommation ne peut pas être considéré comme une de ces manifestations de forces naturelles contre lesquelles aucune résistance n'est possible. Il est œuvre humaine, puisqu'il résulte des progrès de la science, par où sont constamment accrus les moyens de production, et il résulte encore du développement des moyens de communication, par où les marchés du monde sont confondus en un marché unique. Or on peut lutter contre les effets néfastes de toute œuvre humaine ; il y a, dans la fixation de la quantité de production par voie d'accord libre, un remède naturel à la surproduction. Il est vrai que les jalousies entre nations concurrentes, l'égoïsme que développe la rivalité, constituent de formidables obstacles à toute réglementation internationale.

Quant au mal, qui oserait en nier l'existence ? L'industrie cotonnière ne court-elle pas au-devant des plus grands périls ? A la fin de décembre 1894, le monde entier comptait 93 millions de broches pour la filature du coton, et partout, au Japon, dans l'Inde, en Amérique, comme en Europe, on établit de nouveaux métiers. La hâte de produire toujours plus est le grand facteur du malaise où se débattent tant de nos industries, celle des lainages, par exemple, jadis si prospère, et qui périclite par l'avilissement des prix. La filature française a produit en 1894 près de 100 millions de kilogrammes de fils de laine pure ou mélangée, représentant une valeur d'environ 500 millions. Il a fallu livrer le produit au-dessous du prix de revient. Puis l'exportation des tissus diminuant (242 millions au lieu de 279 en 1893 et 328 en 1892), un grand nombre de métiers ont chômé tandis que les cours se déprimaient. M. Picard [14] prédisait le même sort aux cotonniers s'ils continuaient à accroître fiévreusement leur matériel : « Ils vont à un désastre. » La production des filés de coton a été à peu près absorbée en 1894 par le marché intérieur, mais la production a été excessive. 90 000 métiers mécaniques ont fabriqué 105 millions de kilogrammes de toile valant 420 millions. Les prix ont été avilis d'environ 8 pour 100.

La conclusion qui ressort de ces chiffres est que la saturation des marchés extérieurs, les concurrences qui surgissent de tous côtés, refoulent nos produits, déjà en excès, sur le marché intérieur, ce qui conduit à l'avilissement des marchandises et aux chômages. Une brève monographie de la place commerciale et industrielle de Lyon en 1894, tirée des comptes rendus de la Chambre de commerce de cette ville, fixera par un exemple topique la portée de ces observations.

L'année a été satisfaisante pour l'importance des affaires en soies brutes diverses. Il n'en est point de même pour les prix qui ont été les plus bas depuis 1848. Les cocons ont valu en moyenne de 2 fr. 70 à 2 fr. 30 au lieu de 5 fr. 75 et 5 fr. 30 l'année précédente [15]. On a eu ainsi le contraste d'une plus grande activité dans les transactions coïncidant avec une baisse exagérée de prix de la matière première. On expiait une hausse injustifiée qui s'était faite en 1893 et l'on comptait sur une excellente récolte nouvelle, double raison de grande modération dans les prix. Dans les quatre derniers mois de 1894, la consommation des fabriques européennes prit un essor très marqué, les transactions s'animèrent sur les marchés européens, à Milan, à Turin, à Zurich, à Grefeld et à Elberfeld. Les prix demeurèrent pourtant stationnâmes ; ils ne commencèrent à s'améliorer qu'en 1895. Le bon marché persistant avait eu en tout cas un heureux résultat en contribuant à mettre à la mode les étoffes de soie pure et en imprimant à toutes les branches de l'industrie de la soie, filature, moulinage et tissage, une activité qui s'est maintenue durant toute l'année suivante.

La valeur de la production de la région lyonnaise [16] en étoffes et rubans de soie a été en 1894 de 365 millions ; ce chiffre aura été largement dépassé en 1895. Sur la production totale de la France en soieries [17], les exportations se sont élevées à 223 millions, l'Angleterre ayant pris 94 millions, les États-Unis 52 (au lieu de 65 en 1893), l'Allemagne 22. Les achats du marché américain s'étaient, on le voit, fort ralentis à cause de la crise économique et des incertitudes résultant des ajournements successifs apportés au vote du nouveau tarif. Quant à l'importation de tissus de soie en Angleterre, les relevés du *Board of Trade* la montrent accrue de plus de 24 millions de francs en 1894. La fabrique lyonnaise n'ayant fourni qu'un million sur cet excédent, on peut mesurer la part prise par les autres fabriques du continent à cet accroissement de la consommation britannique. La Chambre de commerce de Lyon croit pouvoir affirmer que les étoffes suisses, après la fermeture du marché français, avaient trouvé sans peine le chemin de Londres, et il y a là une raison, entre tant d'autres, de nous féliciter du revirement qui s'est opéré dans les dispositions des esprits en France et en Suisse et qui a rétabli les relations commerciales à peu près sur l'ancien pied entre les deux pays.

Les États-Unis ont multiplié depuis la fin de 1894 leurs achats, mais nous ne pouvons guère nous flatter de gagner beaucoup de terrain en Angleterre. Les marchés de Suisse, d'Italie et d'Espagne ne comptent plus guère pour la fabrique lyonnaise ; l'Allemagne, l'Autriche, la Russie tendent de plus en plus à produire ce qu'elles consomment. Il reste aux fabricants de Lyon quelques perspectives de développement en Algérie et en Tunisie, dans l'Afrique du Sud, au Transvaal, et, par-delà l'océan Atlantique, au Brésil, au Chili, dans la République Argentine.

Au moins nos colonies promettent-elles de sérieux débouchés à nos industries ? Si depuis vingt ans nous avons dépensé des sommes énormes pour le développement de notre empire colonial, si des terres et des îles en Afrique, en Asie, dans l'Océanie, formant ensemble de grandes étendues, ont été placées sous notre domination directe ou sous notre protectorat, ce n'est certes pas pour la satisfaction de régner platoniquement sur de nouveaux territoires, ni même d'élever éventuellement d'un degré, sur l'échelle de la civilisation, les populations plus ou moins incultes qui les habitent ; c'est pour une fin plus pratique, pour la recherche de nouveaux débouchés commerciaux, la création de nouveaux marchés. On a voulu avant tout aider au développement économique de la métropole. La politique coloniale, à laquelle tant de sacrifices ont été faits déjà, n'a aucune signification, si elle n'a point celle-là. Une politique coloniale qui ne viserait que la conquête et la gloire mériterait, dans les circonstances historiques où nous sommes placés depuis un quart de siècle, toutes les réprobations de la nation.

L'objet cherché a-t-il été obtenu, au moins pour partie ? Avons-nous trouvé ces débouchés, créé ces marchés nouveaux ? La commission du budget de 1896, ayant résolu de faire une enquête sur la situation économique et commerciale de nos possessions d'outre-mer, a trouvé les résultats suivants [18] :

Le commerce général de toutes les colonies françaises, autres que l'Algérie et la Tunisie, s'est élevé en 1894 à la somme de 476 millions. Sur ce montant, l'étranger a fait avec nos colonies un chiffre d'affaires de 259 millions ; la France n'a fait qu'un commerce de 213 millions, soit 46 millions de moins. Si l'on examine séparément les importations et les exportations, l'on constate que les colonies ont acheté du dehors en 1894 pour 223 millions, dont 123 millions à l'étranger et 100 millions en chiffre rond à la France. Les colonies ont exporté ou vendu, la même année, pour 252 millions, dont 134 à l'étranger et 118 à la France.

Il ressort de ces chiffres que les relations commerciales de nos colonies sont plus actives avec l'étranger qu'avec nous, que c'est surtout l'étranger qui bénéficie des marchés nouveaux que nous avons créés. Il convient d'ajouter que sur les 100 millions représentant le total des importations de la France dans nos colonies, la plus forte part va à nos fonctionnaires et à nos troupes et constitue, dans cette mesure, une dépense payée sur le budget de la métropole. En résumé, si nous mettons à part l'Algérie et la Tunisie, nous vendons pour 100 millions de marchandises et nous achetons pour 118 millions de produits à des colonies qui nous coûtent 80 millions d'entretien, alors que l'étranger trouve, sans bourse délier, dans ces mêmes colonies, un débouché de 123 millions.

Cette situation est-elle transitoire ? Une amélioration peut-elle être espérée ? M. Turrel, examinant ce point, a été conduit à des conclusions peu encourageantes : « Si l'on n'y prend garde, le commerce de l'Angleterre et celui de l'Allemagne prendront peu à peu et tout à fait notre place, même sur les marchés de nos colonies, et nos débouchés iront en s'affaiblissant. » Déjà M. Picard, en réponse à la question : Nos colonies seront-elles un jour des débouchés pour nos fabrications ? disait : « Nos ventes à l'Algérie s'élèvent (1894) à 199 millions, mais elle nous vend pour 208 millions de produits agricoles qui l'ont à ceux de la métropole une sérieuse concurrence. »

On a demandé plaisamment en quelles quantités nous pourrions vendre nos soieries, nos rubans, nos dentelles, nos meubles, nos articles de Paris, aux Tonkinois, aux Malgaches, aux nègres du Soudan ou du Gabon, boutade à laquelle on répond volontiers que nous pourrons toujours exporter dans ces latitudes lointaines des soldats et des fonctionnaires. C'est quelque chose, mais ce n'est pas assez, et l'on voudrait voir poindre à l'horizon les temps bénis où les fameux débouchés commerciaux existeront ailleurs que dans les discours ministériels ou dans les clichés de l'enthousiasme colonial de sociétés métropolitaines qui n'en peuvent mais. A la réalisation de cet idéal, malheureusement, s'oppose par-dessus toutes choses l'esprit même du régime auquel sont soumis nos nationaux dans nos colonies, disons franchement l'esprit d'incurable routine, l'incapacité de notre administration coloniale.

Interrogez ceux que tenterait l'ambition d'aller exercer leurs facultés dans quelqu'une de ces terres neuves, soi-disant ouvertes à notre activité colonisatrice par le dévouement de nos soldats ou par l'intrépide endurance de nos explorateurs : demandez-leur quel accueil leur est fait dans les cercles officiels, lorsqu'ils parlent de se rendre à Madagascar, en Sénégambie, au Congo ! Ils vous diront comment leur belle ardeur est tombée devant les circonlocutions des grands experts consultés, devant les réticences, les fins de non-recevoir enveloppées d'explications nébuleuses, devant les mille manières d'exprimer cette éternelle, décourageante, implacable réponse de l'administration, murmurée bas à l'oreille comme une excuse, ou lâchée d'un ton solennel comme une leçon. Il n'y a rien à faire ! Il doit y avoir beaucoup à faire au contraire. Il serait opportun de chercher à diriger sur le Tonkin, sur Madagascar, même sur la côte occidentale d'Afrique, des jeunes gens qu'attire en ce moment même le mirage des richesses du Transvaal. Sur ce point, la chambre de commerce de Lyon a pris une belle et bonne initiative en envoyant à ses frais une mission étudier les ressources commerciales de l'Indo-Chine et des provinces chinoises confinant à nos possessions.

VIII

Il n'est pas un point du monde où ne surgissent devant les efforts de notre industrie et de notre commerce des concurrences nouvelles. Le grand essor industriel du Japon a déjà été ici l'objet d'une attention spéciale. Dans l'Amérique du Nord et du Sud, c'est principalement sur le terrain commercial que nous avons à lutter contre d'ardentes rivalités. Il est possible cependant que, même à cet égard, le danger ne soit pas toujours aussi grand qu'on le suppose. M. Ritt, consul de France à Sain Paulo, au Brésil, estime que la concurrence allemande, qui nous a été si préjudiciable en ce pays comme en tant d'autres, pourrait bien y avoir épuisé tous les succès qu'elle pouvait espérer à notre détriment : « Le commerce allemand, dit-il dans son dernier rapport, est visiblement arrivé à son point culminant dans l'Amérique du Sud et ne saurait plus gagner beaucoup de terrain contre le trafic français. » Ce qui avait jusqu'ici favorisé les progrès des exportateurs allemands, c'est qu'ils « engagent fortement leurs capitaux, et savent tenir grand compte de la nécessité du crédit ; les délais et facilités très larges de paiement qu'ils accordent sont particulièrement appréciés par les Sud-Américains. » Mais, justement, cet élément de succès, dont l'action a été d'abord si rapide et si étendue, n'est point d'une application éternelle, la fabrication allemande, si longs que soient les crédits qu'elle accorde, ne pouvant après tout livrer gratuitement ses produits. Nous ne parlerons pas de causes secondaires auxquelles les Allemands ont pu devoir une supériorité temporaire, telles que la modicité extrême des prix de certains de leurs produits et le recours à des imitations peu scrupuleuses de produits français. Ce ne sont pas là des facteurs sérieux de puissance commerciale.

Si les progrès du commerce allemand sont arrivés à peu près à leur zénith au Brésil comme dans toute l'Amérique du Sud, il n'en est pas de même du commerce nord-américain, dont le développement dans ces régions a été tout à fait remarquable depuis quelques années.

Derrière l'espèce de protectorat politique que les États-Unis cherchent à étendre en ce moment sur tout le continent américain à l'aide de leur doctrine de Monroe dont ils jouent si habilement, ils ont entrepris avec méthode la conquête économique des Amériques centrale et méridionale, gagnant de proche en proche les marchés du Mexique, de Cuba, d'Haïti, des républiques du centre, du Venezuela. Ils ont déjà envahi le Brésil, et bientôt l'industrie européenne reculera devant l'ascendant des produits de l'industrie nord-américaine dans le Chili, le Pérou, la Colombie et la République Argentine.

Les grandes maisons de production ou d'exportation des États de l'est apportent à cette conquête les qualités d'énergie, d'audace, de persévérance que le Yankee applique à toutes ses entreprises. On sait qu'à la suite du congrès panaméricain de 1889, il a été institué à Washington un Bureau des républiques américaines. Instrument politique d'une utilité douteuse et en complète décadence, ce bureau a dégénéré en un organe actif de publicité commerciale, une agence ingénieuse et efficace de propagande par tous les procédés ordinaires de réclame : journaux, affiches, catalogues et prospectus.

Des concurrents de moindre envergure, la Belgique, l'Italie, le Portugal, l'Espagne, la Suisse, nous supplantent sur certains marchés sud-américains pour l'écoulement de produits dont le commerce français avait jusqu'alors le monopole. L'Espagne envoie surtout dans la République Argentine ses vins, ses liqueurs d'anis, ses produits barcelonais : huile d'olive, fruits et poissons en conserve. Le Portugal donne au Brésil des vins et des huiles d'un prix très bas, au goût acre et épais, qui ne répugnent point aux Brésiliens. L'Italie expédie ses fromages, sa mortadelle, ses pâtes alimentaires, et encore des huiles, très inférieures aux nôtres en qualité, mais d'un prix bien moins élevé, et des vins pour lesquels une population italienne considérable constitue au Brésil une clientèle assurée [19]. Déjà l'Italie fait concurrence en outre à nos cognacs et aux soieries lyonnaises. L'industrie viennoise place au Brésil des articles dits de Paris qu'elle réussit à fabriquer aussi bien et moins cher que les nôtres. La Suisse écoule de l'horlogerie et des soieries, la Belgique, à peu près tout ce que peut donner l'industrie allemande comme l'industrie française, et toujours dans des conditions de prix légèrement plus avantageuses pour le pays de destination.

IX

La Russie se place au premier rang des pays où l'industrie se développe d'une façon menaçante pour les nations plus vieilles du reste de l'Europe. L'essor industriel, par exemple, du sud de l'empire, entre le Dniepr et le Don, est un spectacle extraordinaire, autant que le fut l'épanouissement de la Californie, il y a quarante ans, ou celui du Witwatersrand, au Transvaal, dans les cinq dernières années.

D'immenses troupeaux de moutons erraient, il y a un quart de siècle, dans les steppes de la Nouvelle-Russie, désert immense, à peine interrompu par de misérables villages petits-russiens ou grands-russiens et quelques colonies allemandes assez prospères. Jekaterinoslav sur le Dniepr, Rostov sur le Don, méritaient à peine le nom de villes ; aujourd'hui, ce sont de belles et grandes cités commerciales, d'où rayonnent, dans toutes les directions, des voies ferrées, où circule une vie intense. Toute la campagne entre le Dniepr à l'ouest, Azov et Rostov à l'est, le Donetz au nord, la mer d'Azov au sud, est couverte de hautes cheminées d'usines, de vastes bâtiments d'exploitation, d'ouvertures de puits, de dépôts de charbons, de minerais de fer, de quartz, de fonte, entre lesquels serpentent d'innombrables files de wagons. « Autour de nous, dit une correspondance de Jekaterinoslav au *Nouveau Temps*, le long de la route et aux stations, on ne parle que grosses entreprises et millions ; on nomme les ingénieurs qui, en quelques heures, ont gagné des centaines de millions de roubles ; on cite les sociétés par actions qui se fondent à Bruxelles, à Paris, à Saint-Pétersbourg ; on s'exclame sur la hausse incroyable de certains titres, sur l'extension de telle ou telle entreprise ; on ne tarit pas sur les millions que les étrangers ont payés à tels ou tels propriétaires de mines... Mais comment toutes ces incalculables richesses tombent-elles entre des mains étrangères ? Industriels étrangers, capitaux étrangers, bourses étrangères se jettent à l'envi dans la mêlée pour tout accaparer. Comment et pourquoi toute cette agitation ne parvient-elle pas à secouer l'apathie des industriels russes ? N'y a-t-il pas dans cette apathie quelque chose de profondément décourageant et humiliant pour notre pays ? Sommes-nous assez moutons de Panurge pour nous laisser tondre ainsi, sans murmurer, par les Belges, les Français, les Allemands et les Anglais ? »

Ces plaintes sont plus humoristiques que sérieuses. Les étrangers, en apportant dans la Nouvelle-Russie, pour en exploiter les richesses naturelles, leurs capitaux, leur expérience des affaires, leur savoir technique, ont transformé et enrichi un pays que toutes les conditions semblaient jusqu'alors vouera une pauvreté économique irrémédiable. Ils ont d'ailleurs fait l'éducation industrielle des Russes eux-mêmes, qui, aujourd'hui, commencent à prendre leur part dans l'exploitation des richesses énormes du bassin du Donetz.

Ce grand essor industriel a profité, plus qu'à tous autres, aux propriétaires fonciers et aux paysans de la région. Le prix des terres a quintuplé en quelques années.

Charbon et minerai de fer, voilà ce que donne simultanément, en des gisements peu éloignés les uns des autres, ce bassin du Donetz, devenu aujourd'hui l'un des plus puissants entre les centres industriels du monde. Les gisements houillers avaient été découverts dès le temps de Pierre le Grand, mais l'exploitation en était toujours restée rudimentaire, à cause des qualités médiocres du produit, de la difficulté de la main-d'œuvre, du manque d'eau, de l'absence surtout de moyens de transport. Cette situation s'est transformée lorsque les lignes de chemins de fer ont traversé la région, que la richesse du gisement de minerai de fer à Krivoï-Rog eut été pleinement reconnue, et que l'entreprise du Transsibérien eut assuré un immense débouché à la production éventuelle du Donetz.

Le bassin s'étend sur une longueur de 270 kilomètres, entre le Don, à l'est, et Jekaterinoslav, à l'ouest, et sur une largeur qui varie de 70 kilomètres vers l'est à 110 kilomètres vers l'ouest ; cette superficie, d'environ 25 000 kilomètres carrés (2500 000 hectares), s'étend sur la partie orientale du gouvernement de Jekatérinoslav et sur la portion occidentale du territoire des Cosaques du Don. Le bord septentrional du bassin s'éloigne peu du cours du Donetz, affluent de la rive droite du Don, et sa limite sud court à une soixantaine de kilomètres parallèlement au rivage de la mer d'Azov, jusqu'à la hauteur du port de Marioupol, à l'ouest [20].

Toutes les variétés de charbon s'y rencontrent ; les qualités convenant aux emplois industriels, et notamment aux besoins de la métallurgie, sont surtout dans la partie occidentale ; dans l'est dominent les charbons anthraciteux et l'anthracite. Le nombre des mines en exploitation s'élève à plus de cent soixante. Les plus importantes sont celles de l'ouest qui fournissent à peu près les trois quarts de la production totale du bassin. Des évaluations techniques portent à 4 500 000 tonnes la production houillère du bassin du Donetz en 1895. Les besoins du marché étant calculés sur le pied de 4 200 000 [21], n'y a-t-il pas déjà un excès de production ? N'est-il pas à craindre que la consommation ne reste en arrière du rendement et qu'il n'en résulte, avec une baisse de prix, une crise ? Ces appréhensions ne sont pas sans quelque justification apparente à cause de la concurrence que font aux houilles du Donetz le naphte de Bakou et ses résidus. Des lignes de chemins de fer, certaines fabriques de sucre, même des bateaux à vapeur ont adopté ce dernier combustible. Toutefois il paraît difficile que les débouchés manquent sérieusement à la production houillère, dût-elle s'accroître encore avec rapidité, le développement industriel ayant présenté, au moins jusque dans ces derniers temps, une allure aussi accélérée.

Dans toute cette région houillère, surtout à l'ouest, on connaissait depuis longtemps des gisements de minerai de fer. Ce n'est cependant qu'après la découverte de ceux de Krivoï-Rog qui s'étendent sur les bords du Dniepr inférieur, et aussi après la construction des chemins de fer, que l'on a commencé à considérer comme possible ; l'établissement d'usines métallurgiques en une contrée si lointaine et si pauvrement peuplée. Le gouvernement russe paraissant disposé à favoriser des créations de ce genre par d'importantes commandes de rails, des capitalistes et des directeurs de grandes usines de l'Europe occidentale se décidèrent à risquer l'aventure, à fonder en territoire russe des installations où fussent mis en œuvre les derniers perfectionnements de l'industrie métallurgique, et dont les produits eussent le bénéfice des droits considérables qui frappent à l'entrée en Russie les métaux et objets divers en métaux. Six ou sept de ces créations, œuvre des dix dernières années, ont porté la vie autour de Jekaterinoslav dans le bassin du Donetz, et commencent à rémunérer brillamment les capitaux étrangers, français et belges surtout, qui leur ont donné naissance [22]. Un rapport du consul de France à Odessa nous apprend qu'en 1894 les usines du sud de la Russie ont travaillé 640 000 tonnes de minerai et expédié 270 000 tonnes d'articles en métal. Quant à la production de la fonte, elle a été de plus de 500 000 tonnes en 1895, et une bonne partie en est transformée sur place en fer et en acier. D'après la même autorité, il y aurait place, à côté des établissements existant, si puissamment outillés, pour des usines qui, construites à proximité de la mer Noire, auraient pour objet la fabrication du matériel de guerre, blindages, canons, projectiles, pour la construction de navires, de wagons, de locomotives, pour la fabrication d'articles de grande consommation en Russie, comme de caisses à pétrole, de boîtes de conserves, de tôles minces pour la couverture des maisons, de milliers d'outils ou objets de ferronnerie.

Les grands centres houillers et industriels russes, en dehors du Donetz ou région du sud, sont la Pologne, l'Oural et la région moscovite. Pour la production charbonnière, le bassin polonais seul est important après le Donetz. La Russie tout entière, en effet, a produit en 1895 environ 8 000 000 tonnes de charbon. L'Oural et la région de Moscou n'ont contribué à ce total que pour 500 000 tonnes, la Sibérie et le Caucase pour beaucoup moins encore, tandis que la Pologne a donné 2 400 000 tonnes et le bassin du Donetz 4 500 000 (plus du double de la production de 1888).

Pour la production du minerai de fer, il n'existe, à côté du Donetz qui a donné 950 000 tonnes, qu'un seul autre centre important, l'Oural, près d'un million de tonnes. La Pologne n'a donné que 100 000 tonnes.

Il a été produit, en 1895, dans toute la Russie. 1 350 000 tonnes de fonte, dont 490 000 ont été transformées en acier et 450 000 en fer, le reste a été utilisé en nature. L'activité des hauts fourneaux se tourne de plus en plus vers la production de l'acier, entraînement qu'expliquent les commandes de rails pour le Transsibérien et pour d'autres lignes importantes en construction ou en projet, comme la ligne d'Arkangel au nord et les prolongements du Transcaspien dans l'Asie centrale. La fabrication du fer est plutôt stationnaire. Dans l'Oural et autour de Moscou, la fonte est obtenue au bois ; la Pologne et le sud de la Russie emploient le coke. La quantité de fonte produite au bois l'emporte encore quelque peu sur celle de la fonte au coke, mais la progression de cette dernière est plus rapide, et bientôt la balance penchera en sa faveur. Les quatre groupes de fabrication ont contribué dans la proportion suivante au total de 1 350 000 tonnes de fonte : Oural, 48 0000 ; région du sud 537 000 ; Pologne, 179 000 ; région moscovite, 123 000 ; autres centres de production, 40 000.

Ces chiffres constatent le rôle considérable pris en si peu de temps dans l'ensemble de la production houillère et métallurgique de la Russie par le bassin du Donetz. Si l'on considère que les énormes progrès accomplis dans cette région ont été pour la plus grande partie l'œuvre de capitaux de l'Europe occidentale, on s'explique la fièvre de spéculation qui s'est produite en 1894 sur les actions des sociétés fondées dans le bassin du Donetz, et qui n'a cessé de croître en intensité jusque dans les derniers mois de 1895. Les conditions naturelles du marché ont été faussées, comme elles l'étaient dans le même temps, mais dans de bien autres proportions, sur les valeurs du Transvaal. Certains titres ont obtenu des plus-values fantastiques, dont l'avenir ne pourra sans doute jamais apporter qu'une justification incomplète.

Il importe cependant de ne pas exagérer le péril de cet élément de spéculation. On pourrait citer quelques entreprises dont les promoteurs ont eu surtout en vue un gain rapide à réaliser en Bourse par l'exploitation d'un engouement passager du public. Mais le plus grand nombre des fondations industrielles du Donetz sont solidement assises et paraissent destinées à une longue prospérité. Déjà la fièvre spéculative sur les titres russo-franco-belges est un peu tombée. Si, d'autre part, c'est aux commandes faites par le gouvernement pour la construction de nombreuses voies ferrées qu'est dû ce que l'on a pu observer d'un peu factice ou excessif dans ce progrès industriel, il ne paraît pas que cet appui du gouvernement doive avant longtemps encore faire défaut aux usines du sud de la Russie. D'ailleurs les facilités nouvelles de communication entre toutes les parties de l'empire préparent une extension pour ainsi dire indéfinie des marchés intérieurs, et, à ce titre seul, un large et durable développement semble encore assuré à l'exploitation des richesses de cette merveilleuse région.

Notes

1.   La publication des relevés révisés du commerce extérieur de la France en 1894 fait ressortir, d'une façon saisissante, l'influence de la baisse qui se produisit dans les prix pendant le cours de cette année. Les évaluations, portant sur les anciens prix, présentaient 4 119 millions de francs à l'importation et 3 275 à

l'exportation. Lorsque la commission permanente des valeurs de douane eut fixé les prix pour 1894, les relevés nouveaux établis d'après cette évaluation firent apparaître, pour les importations, le chiffre de 3 850 millions, et pour les exportations, celui de 3 078 millions, soit une différence en moins dans la valeur, à volume égal, de 269 millions ou 6 et demi pour 100 aux entrées, et de 197 millions ou un peu plus de 6 pour 100 aux sorties.

2.   Augmentation, au 31 décembre 1895, de l'exportation des produits fabriqués, sur l'année précédente, 209 millions, sans compter l'accroissement des colis postaux, qui est de 28 millions. L'ensemble des exportations de toute nature a été en accroissement de 310 millions. Les cinq premiers mois de 1896 donnent une augmentation de 193 millions à l'importation et de 69 millions à l'exportation, dont 36 pour les produits fabriqués et 13 pour les colis postaux.

3.   D'après les chiffres publiés par le Bureau allemand de statistique, fin janvier 1896.

4.   D'autre part, l'Allemagne, en 1895, a importé de Russie 679 000 tonnes de froment contre 21 000 en 1893 ; 844 000 de seigle contre 8 000, et 623 000 d'orge contre 250 000.

5.   Il ne semble pas, en effet, que le commerce ni l'industrie de France aient tiré, il y a trois ans, tout le parti qu'ils auraient pu de la rupture temporaire des relations économiques entre les deux empires. La Russie cependant a eu le désir de donner aux usines françaises, notamment pour les articles de matériel de chemins de fer, d'importantes commandes. Mais la condition que les prix ne fussent pas supérieurs à ceux des fabrications étrangères, n'a pu, le plus souvent, être remplie.

6.   Sur sept millions de Français exerçant la profession d'agriculteurs, plus de la moitié sont possesseurs d'une portion plus ou moins considérable du sol qu'ils cultivent.

7.   La France a récolté, en 1895, 119 millions d'hectolitres de blé (92 millions de quintaux) sur une superficie ensemencée de 6 944 000 hectares. C'est une diminution de 3 millions d'hectolitres et de 129 000 hectares sur 1894, une augmentation de 21 millions d'hectolitres combinée avec une diminution de 42 000 hectares sur 1893, qui avait été une très mauvaise année. Le rendement

moyen s'est un peu élevé et atteint 17 hectolitres à l'hectare. L'agriculture pourrait certainement augmenter dès maintenant cette production, grâce aux engrais intensifs dont l'efficacité et les modes d'emploi ne lui sont plus inconnus. Mais elle ne saurait être incitée à le faire aussi longtemps que les bas prix actuels ne lui permettront pas la vente avec bénéfice de cet excédent éventuel de production. — Les évaluations du produit de 1895 en froment pour le monde entier font ressortir une réduction variant de 50 à 100 millions d'hectolitres, sur 1894.

8.   Il est certain que nos grands ports de commerce ont vu le tarif protectionniste agir sévèrement sur les éléments primordiaux de leur prospérité. Le port de Gênes est en progrès, celui de Marseille décline. Prospérité et déclin sont peut-être exagérés dans les publications émanant de la chambre de commerce de Marseille, qui a une propension manifeste à charger le protectionnisme de tous les méfaits du sort à l'égard de notre grand port méditerranéen. Mais il y a des faits indéniables. Le mouvement du port de Gênes a gagné dans les quatre dernières années près d'un million de tonnes ; Marseille, dans le même temps, en a perdu près d'un million. Est-ce à dire que ce qui est entré en moins à Marseille est précisément ce qui est entré en plus à Gênes ? Non, car notre consul général en cette ville croit savoir que l'augmentation dont Gênes a bénéficié est due, pour moitié au moins, à des importations plus considérables de charbons anglais. — L'Italie est fière de son grand port de commerce. Dans sa détresse, le Trésor y trouve le moyen de se montrer prodigue pour aider Gênes à soutenir la concurrence de Marseille. Aussi le mouvement de la navigation du port italien continue-t-il à s'élever, celui de Marseille à enregistrer de nouvelles portes. L'écart, en faveur de Marseille qui était encore de 4 millions de tonnes en 1892, était déjà tombé à deux en 1894, et il a diminué encore en 1893.

9.   Le gouvernement n'a pas cru devoir tenir compte du désir exprimé par la commission royale d'enquête relativement à l'organisation d'un système de prêts publics aux agriculteurs, mais il a proposé au parlement de consacrer à une réduction des taxes locales sur la propriété rurale, jusqu'à concurrence de 975 000 liv. st. dans le second semestre de 1896 et de 1 950 000 liv. st. pendant chacune des quatre années suivantes, une partie de

l'énorme excédent budgétaire impérial de 1895. Ce dégrèvement est l'objet d'un bill, présenté par M. Chaplin, président du bureau du gouvernement local, au nom du cabinet unioniste, et qui a été adopté en seconde lecture le 22 mai, après une séance de plus de vingt heures. Ce projet de loi, intitulé Agricultural Land Rating bill, serait mieux dénommé, d'après l'Economist de Londres du 25 avril, qui lui reproche de n'avoir aucune justification et de ne reposer sur aucun principe, un « bill pour subventionner les propriétaires fonciers aux dépens de la majorité des contribuables ».

10.   Le prix s'est relevé au milieu de 1895 à 27 schillings, soit une hausse de 30 pour 100 sur le niveau le plus bas ; il a été ramené depuis à 25 schillings.

11.   Sur 20 millions d'acres de terre labourable, 9 millions environ ont été consacrés aux céréales en 1895, et sur ces 9 millions, 1 456 000 seulement au froment (contre 1 980 000 en 1894). En même temps le rendement par acre a diminué, 26 bushels au lieu de 30 l'année précédente. Le prix du blé était de 45 schillings en 1881, et la superficie cultivée en froment il y a dix années, exactement le double de ce qu'elle est aujourd'hui. L'Angleterre a produit 77 millions de bushels de froment en 1885, et 37 millions seulement en 1895.

12.   État de l'agriculture dans le Cumberland, d'après un rapport de M. Wilson-Fox à la commission royale d'agriculture : la dépression est loin d'être aussi forte dans cette région que dans nombre d'autres districts ; entre 1874 et 1804, la superficie des cultures en blé et en orge a décru de plus des trois quarts ; mais celle de l'avoine a augmenté de 19 pour 100 ; les récoltes vertes de toute nature de 5 pour 100 ; les prairies temporaires de 20 pour 100 ; les pâturages permanents de 10 pour 100 ; la quantité du bétail de plus de 10 pour 100.

13.   Le quasi-monopole de la raffinerie en France, les grands syndicats du pétrole et du sucre aux États-Unis, sont encore de grands exemples de cette tendance.

14.   Rapport de la commission permanente des valeurs de douanes pour 1894.

15.   En Italie, l'écart en baisse a été de près de 50 pour 100 ;

21,33 contre 4l, 17.

16.   209 usines avec plus de 25 000 métiers mécaniques ou à bras.

17.   615 millions de francs, dont : tissus, 420 millions : rubans, 65 ; tulles et dentelles, passementerie et bonneterie, 130 millions.

18.   Rapport de M. Turrel sur la situation économique des colonies françaises, déposé le 25 novembre 1895 sur le bureau de la Chambre des députés.

19.   Notre importation de vins au Brésil a été réduite de 10 millions de litres en 1874, à moins de 2 millions en 1894 (rapport consulaire de Rio de Janeiro du 11 novembre 1894), tandis que l'importation de vins du Portugal, de l'Espagne et de l'Italie a doublé durant la même période. L'énormité du droit d'entrée sera un grand obstacle à la reconquête de ce marché : les modifications de tarifs, votées par le Congrès à Rio de Janeiro en décembre 1894, portent à 10 francs par bouteille le droit d'importation sur les vins de Champagne.

20.   Les communications du bassin avec le reste de la Russie sont effectuées par le chemin de fer de Kourk-Kharkov-Azov, par celui de Koslav-Voronège-Rostov, par celui de Nicolaïev et de Sébastopol, enfin par la ligne de Kastov. Ce réseau déjà très complet relie notamment tout le bassin houiller avec les gisements de minerai de fer de Krivoï-Rog, autour desquels se sont fondés d'importuns établissements pour la fabrication du fer et de l'acier.

21.   La clientèle comprend : les chemins de fer de la région, les usines métallurgiques, la navigation sur la mer Noire, l'industrie sucrière, les usines à gaz.

22.   Une grande société française avait inauguré, en 1874, l'essor de l'industrie charbonnière du bassin du Donetz. Une autre compagnie française a aussi marqué de ses efforts les débuts de l'industrie métallurgique dans cette région, en ouvrant, en 1881, la première mine sur les concessions de Krivoï-Rog et en contribuant à la formation de la société des Forges de Briansk. Des capitaux français ont été engagés encore dans d'autres établissements. La Dnéprovienne est une création belge et polonaise.

ISBN : 978-1979945455

www.ingramcontent.com/pod-product-compliance
Lightning Source LLC
Chambersburg PA
CBHW070422240526
45472CB00020B/1163